buxs®

feine vegetarische Küche

Mangold

Inhalt

Seite

Suppen

Antipasti,

Salate+Dressings

Chicorée

Pak-Choi

Radicchio

Wurzelspinat

Blattspinat

Chinakohl

Wirsing

Weiskraut

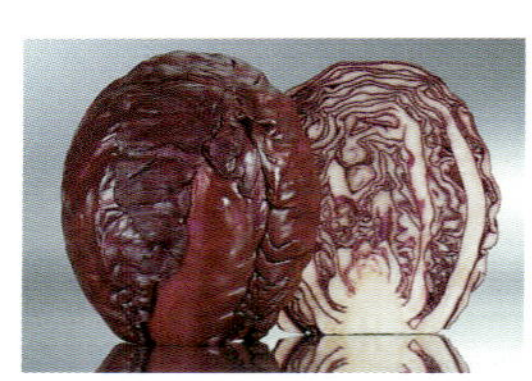
Rotkraut

Inhalt

Seite

Gemüse

Austernpilze

Pfifferlinge

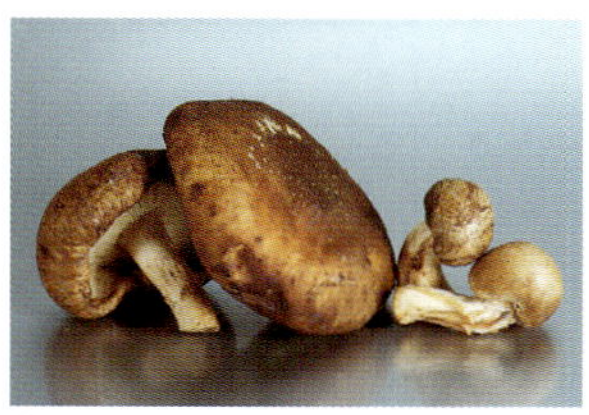

Shiitakepilze

Champignongs

Blumenkohl

Broccoli

Pastinaken

Petersilienwurzeln

Schwarzer Rettich

Topinambur

Steckrüben

Rote Beten

Sellerie

Schwarzwurzel

Kohlrabi

Fenchel

Lauch

Inhalt

Seite

Pflanzerl

Klößchen

Inhalt

Seite

Pfannengerichte

Auberginen

Tomaten

Gurken

Zucchini

Paprika

Artischocken

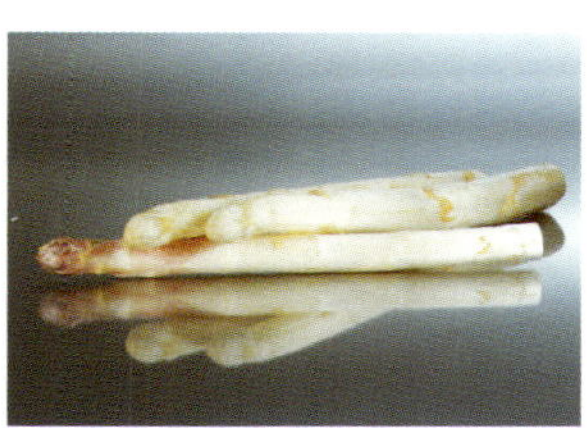
Weißer Spargel

Grüner Spargel

Inhalt

Seite

Rosenkohl

Suppen	**Seite**

buxs®

feine vegetarische Küche

Suppen

Gurkensuppe mit Dill

2–3	Eßl.	Butter oder Margarine
1	kl.	Zwiebel – geschält und gehackt
1	St.	Knoblauchzehe – geschält und gehackt
300	gr.	Gurken – geschält, Samenbereich entfernt und Fruchtfleisch kleingeschnitten
500	gr.	Wasser
1	Eßl.	Reismehl (siehe auch Rohstoffhinweise Seite 234)
60	gr.	Sahne
1/2	Eßl.	Mascarpone (italienisches Rahmprodukt)
	Saft	einer 1/2 Zitrone
1	Prise	Salz
1	Prise	Cayennepfeffer
2	Eßl.	Dill – gewaschen, von den Stielen befreit und gehackt

- Fett in einem Topf erhitzen.
- Zwiebeln und Knoblauch hineingeben und glasig dünsten.
- Gurken dazugeben, mit Wasser auffüllen und weichgaren.
- Reismehl mit der Sahne glattrühren, in die Suppe einrühren und aufkochen lassen.
- Danach in der Moulinette oder mit einem Mixstab feinst pürieren.
- Mit Mascarpone und Zitronensaft verrühren.
- Mit Salz und Pfeffer abschmecken.
- Am Schluß den Dill unterheben.

Kürbissuppe mit Koriander

300	gr.	Kürbis (vorzugsweise „Potimaron“) – geschält (geht etwas schwer!), Kernbereich entfernt und Fruchtfleisch gewürfelt
100	gr.	Kartoffeln – geschält und gewürfelt
600	gr.	Wasser
1	Eßl.	gekörnte Gemüsebrühe
1 1/2	Eßl.	Mascarpone (italienisches Rahmprodukt)
1	Prise	Salz
1	Teel.	Sojasauce (Shoyu oder Tamari)
1	Teel.	Koriander – gewaschen, von den Stielen befreit und gehackt

- Kürbis und Kartoffeln im Wasser mit der Gemüsebrühe in 15-20 Minuten weichkochen.
- Danach in der Moulinette oder mit einem Mixstab feinst pürieren und durch ein Haarsieb streichen (passieren).
- Erneut erhitzen, Mascarpone einrühren und 2-3 Minuten leicht köcheln lassen.
- Mit Salz und Sojasauce abschmecken.
- Am Schluß den Koriander unterheben.

Austernpilzsuppe mit Kerbel und Liebstöckel

1.	200	gr.	Kartoffeln – geschält und gewürfelt	
	500	gr.	Wasser	
		—		
2.	1	Teel.	Butter oder Margarine	
	150	gr.	Austernpilze – geputzt und in feine Streifen geschnitten	
	25	gr.	Lauch – geputzt, gewaschen und in feine Streifen geschnitten	
	1/2	St.	Knoblauchzehe – geschält und gehackt	
	1–2	Eßl.	Sojasauce (Shoyu oder Tamari)	
	3	Eßl.	Sahne	
	1	Prise	Salz	
	1	Eßl.	Kerbel	gewaschen, von den Stielen befreit
	1	Teel.	Liebstöckel	und gehackt

1. Schritt:

- Kartoffeln im Wasser über ca. 12 Minuten weichkochen.
- In der Moulinette oder mit einem Mixstab fein pürieren und durch ein Haarsieb streichen (passieren).

2. Schritt:

- Fett in einem Topf erhitzen.
- Austernpilze, Lauch und Knoblauch mit Sojasauce hineingeben und anbraten.
- Kartoffelcreme, Sahne, Pilze, Lauch und Knoblauch vermengen, unter Rühren erhitzen und ca. 5 Minuten köcheln lassen.
- Mit Salz und eventuell noch etwas Sojasauce abschmecken.
- Am Schluß den Kerbel und Liebstöckel unterheben.

Champignonsuppe im eigenen Sud

1.	1	St.	Knoblauchzehe – geschält
	1	kl.	Zwiebel – geschält und geviertelt
	50	gr.	Lauch – geputzt, gewaschen und in kleine Stücke geschnitten
	30	gr.	Steinchampignons – geputzt und gewürfelt
	600	gr.	Wasser
	2	kl.	Tomaten – enthäutet (siehe Seite 95), Samenbereich entfernt (aufheben!), Fruchtfleisch gewürfelt
	2	St.	Thymianzweige – gewaschen
	1	St.	Liebstöckelzweig – gewaschen
	1/2	Teel.	Pilzpulver (getrocknete und gemahlene Pilze)
		—	
2.	1	Prise	Salz, Pfeffer – gemahlen
	80	gr.	Steinchampignons – geputzt und in Scheibchen geschnitten
	1	Eßl.	Schnittlauch – gewaschen und kleingeschnitten

1. Schritt:

- Einen Topf erhitzen.
- Knoblauch, Zwiebel, Lauch und Pilze darin ohne Fett anbraten. Dabei das Gemüse etwas bewegen und wenden.
- Wasser, Samenbereich der Tomaten, Kräuter und Pilzpulver dazugeben und ca. 30 Minuten köcheln lassen.

2. Schritt:

- Gemüsesud über ein sehr feines Haarsieb abgießen und mit Salz und Pfeffer abschmecken.
- Den Sud nochmals leicht erhitzen, die Champignonscheibchen dazugeben und ca. 2 Minuten ziehen lassen (garen).
- Am Schluß die Tomatenwürfel und den Schnittlauch unterheben.

Grünkernsuppe mit Shiitakepilzen

1.	2	Eßl.	Butter oder Margarine
	30	gr.	Grünkern – feinst gemahlen
	10	gr.	Dinkel oder Weizen – feinst gemahlen
	500	gr.	Wasser
2.	1	Eßl.	Butter oder Margarine
	50	gr.	Shiitakepilze – geputzt und kleingeschnitten
	1	Eßl.	Sojasauce (Shoyu oder Tamari)
	100	gr.	Wasser
	1	Prise	gekörnte Gemüsebrühe, Salz
	1	Eßl.	Petersilie – gewaschen, von den Stielen befreit und gehackt

1. Schritt:

- Fett in einem Topf erhitzen.
- Grünkern und Dinkel bzw. Weizen unterrühren und leicht rösten.
- Wasser nach und nach klümpchenfrei einrühren und ca. 12 Minuten köcheln lassen.

2. Schritt:

- Fett in einer Pfanne erhitzen.
- Pilze darin scharf anbraten.
- Sojasauce und Wasser einrühren.
- Pilze mit der Flüssigkeit in die Grünkernsuppe unterrühren.
- Mit Gemüsebrühe und Salz abschmecken.
- Am Schluß die Petersilie unterheben.

Gerstensuppe mit Safran

2	Eßl.	Butter oder Margarine
50	gr.	Schalotten – geschält und sehr klein geschnitten
50	gr.	Frühlingszwiebeln – geputzt, gewaschen und fein geschnitten
30	gr.	Gerste – feinst gemahlen
1	Eßl.	Sojasauce (Shoyu oder Tamari)
500	gr.	Wasser
3/4	Eßl.	Miso (fermentierte Soja-Getreidepaste, erhältlich in Naturkost-Fachgeschäften)
1	Dösch.	Safran – gemahlen
1-2	Eßl.	Weißwein (trocken)
1	Prise	Salz

- Fett in einem Topf erhitzen.
- Schalotten und Frühlingszwiebeln darin glasig dünsten.
- Gerstenmehl darüberstäuben, Sojasauce dazugeben und verrühren.
- Wasser nach und nach (klümpchenfrei) einrühren.
- Miso unterrühren und ca. 12 Minuten köcheln lassen.
- In der Moulinette oder mit einem Mixstab cremig pürieren.
- Mit Safran, Wein und Salz abschmecken.

Kartoffelsuppe mit grünen Bohnen

1.	250	gr.	Kartoffeln – geschält und kleingewürfelt
	500	gr.	Wasser
	1	Prise	Salz
2.	150	gr.	Bohnen – Stielansätze abgeschnitten, Fäden abgezogen, gewaschen und in ca. 1/2 cm-schmale Stückchen geschnitten
3.	200	gr.	Wasser
	1	Teel.	Bohnenkraut – gewaschen, von den Stielen befreit und gehackt
	1	Prise	Salz
	1	Prise	gekörnte Gemüsebrühe

1. Schritt:
- Kartoffeln im Salzwasser über ca. 12 Minuten weichkochen.
- Danach in der Moulinette oder mit einem Mixstab feinst pürieren.

2. Schritt:
- Einen Topf ca. 2 cm hoch mit Wasser füllen und zum Kochen bringen.
- Bohnen in ein Sieb oder einen Siebeinsatz geben und über den Wasserdampf hängen.
- Mit Deckel versehen und über ca. 5 Minuten weichgaren.
- Danach mit kaltem Wasser abschrecken (damit sie die Farbe behalten).

3. Schritt:
- Pürierte Kartoffeln, zusätzliches Wasser, Bohnen und Bohnenkraut vermengen und nochmals kurz erhitzen.
- Mit Salz und Gemüsebrühe abschmecken.

Kartoffelsuppe mit Champignons

1.	250	gr.	Kartoffeln – geschält und kleingewürfelt
	600	gr.	Wasser
	1	Prise	Salz
		—	
2.	1	Teel.	Butter oder Margarine
	150	gr.	Champignons – geputzt und in dünne Scheibchen geschnitten
	1/2	St.	Knoblauchzehe
	1	Eßl.	Sojasauce (Shoyu oder Tamari)
		—	
3.	1/2	Teel.	gekörnte Gemüsebrühe
	1	Prise	Salz
	1	Teel.	Thymian – gewaschen, von den Stielen befreit und gehackt

1. Schritt:

- Kartoffeln im Salzwasser über ca. 12 Minuten weichkochen.
- Danach in der Moulinette oder mit einem Mixstab feinst pürieren.

2. Schritt:

- Fett erhitzen.
- Champignons, Knoblauch und Sojasauce hineingeben und leicht anbraten.

3. Schritt:

- Pürierte Kartoffeln und Champignons vermengen und nochmals kurz erhitzen.
- Mit Gemüsebrühe und Salz abschmecken.
- Am Schluß den Thymian unterheben.

Mangoldsuppe mit Tomaten

1.	25	gr.	Butter oder Margarine
	1	St.	Schalotte – geschält und fein gewürfelt
	1	St.	Knoblauchzehe – geschält und feinst gewürfelt
	250	gr.	Mangold – geputzt, gewaschen, Blätter in feine Streifen und Stiele in kleine Würfel geschnitten
	120	gr.	Tomaten – enthäutet (siehe Seite 95), Samenkerne entfernt und Fruchtfleisch gewürfelt
	50	gr.	Stangensellerie – die Stangen gewaschen und fein gewürfelt
	500	gr.	Wasser
2.	1	Teel.	Reismehl
	1	Prise	Salz
	1	Prise	Pfeffer – gemahlen

1. Schritt:

- Fett in einem Topf erhitzen.
- Schalotten und Knoblauch hineingeben und andünsten.
- Mangold, Tomaten und Stangensellerie dazugeben und ca. 6 Minuten mitdünsten.
- Wasser aufgießen und über ca. 6 Minuten fast weichkochen.

2. Schritt:

- Reismehl in wenig Wasser glatt verrühren und in die Suppe einrühren.
- Aufkochen lassen und 2-3 Minuten köcheln lassen.
- Mit Salz und Pfeffer abschmecken.

* Die Suppe kann nach Belieben mit 1 Eßl. Creme fraîche (ca. 30%iger Sauerrahm) verfeinert werden.

Wirsingsuppe mit Thymian

1.	30	gr.	Sellerie	geschält und gewürfelt
	30	gr.	Karotten	
	50	gr.	Kartoffeln	
	1	St.	Knoblauchzehe	
	30	gr.	Lauch – geputzt, gewaschen und in kleine Ringe geschnitten	
	600	gr.	Wasser	
	150	gr.	Wirsing – geputzt, gewaschen und in feine Streifen geschnitten	
2.	50	gr.	Kartoffeln – geschält	
	1	Prise	gekörnte Gemüsebrühe	
	1	Prise	Salz, Muskatnuß – gemahlen	
	1	Teel.	Thymian – gewaschen, von den Stielen befreit und gehackt	

1. Schritt:
- Das gewürfelte Gemüse und die Lauchringe in einem Topf (ohne Fett) leicht anbraten.
- Danach das Wasser aufgießen, die Wirsingstreifen dazugeben und bei mittlerer Hitze über ca. 10 Minuten weichkochen.

2. Schritt:
- Kartoffeln über eine sehr feine Gemüsereibe in die Suppe reiben, verrühren und 2-3 Minuten köcheln lassen.
- Mit Gemüsebrühe, Salz und Muskat abschmecken.
- Am Schluß den Thymian unterheben.

Selleriesuppe mit Kerbel

700	gr.	Wasser
1	Eßl.	gekörnte Gemüsebrühe
400	gr.	Sellerie — geschält und kleingewürfelt
100	gr.	Sahne
1	Teel.	Weißwein (trocken)
1	Prise	Salz
1	Eßl.	Kerbel — gewaschen, von den Stielen befreit und gehackt

- Wasser und Gemüsebrühe erhitzen
- Sellerie darin in ca. 10 Minuten weichkochen.
- Sahne unterrühren und in der Moulinette oder mit einem Mixstab feinst pürieren.
- Suppe erneut erhitzen und ca. 5 Minuten leicht köcheln lassen.
- Wein einrühren und mit Salz abschmecken.
- Am Schluß den Kerbel unterheben.

Karottensuppe mit Ingwer

500	gr.	Wasser
1/2	Teel.	Honig
300	gr.	Karotten — geschält und gewürfelt
4	Eßl.	Sahne
1	Prise	Kurkuma (fernöstliches Gewürz aus der Gelbwurz)
1/3	Teel.	Ingwer — möglichst frisch gerieben
1	Prise	Salz
1	Eßl.	Petersilie — gewaschen, von den Stielen befreit und gehackt

- Wasser und Honig (kann bei sehr süßen Karotten weggelassen werden) erhitzen.
- Karotten darin über ca. 10 Minuten weichkochen.
- In der Moulinette oder mit einem Mixstab feinst pürieren.
- Sahne, Kurkuma und Ingwer unterrühren.
- Erneut kurz erhitzen.
- Mit Salz abschmecken.
- Am Schluß die Petersilie unterheben.

Bärlauchsuppe mit Mascarpone

2-3	Eßl.	Butter oder Margarine
60	gr.	Lauch – geputzt, gewaschen und in feine Ringchen geschnitten
2	Eßl.	Reismehl (siehe auch Rohstoffhinweise Seite 234)
500	gr.	Wasser
80	gr.	Bärlauch – gewaschen und in feine Streifen geschnitten
1	Teel.	Miso (fermentierte Soja-/Getreidepaste aus Japan)
1	Prise	Salz
1	Prise	Pfeffer
1 1/2	Eßl.	Mascarpone (italienisches Rahmprodukt)

- Fett in einem Topf erhitzen.
- Lauchringe hineingeben und andünsten.
- Reismehl mit etwas Wasser glatt anrühren und mit dem restlichen Wasser zum Lauch geben.
- Solange köcheln lassen, bis der Lauch weich ist.
- Bärlauch untermengen und noch einmal aufkochen lassen.
- In der Moulinette oder mit einem Mixstab fein pürieren.
- Mit Miso, Salz und Pfeffer abschmecken.
- Am Schluß Mascarpone unterrühren.

Kerbelsuppe mit Rahm

1-2	Eßl.	Butter oder Margarine
1/2	St.	Knoblauchzehe – geschält und gehackt
50	gr.	Sellerie – geschält + gewürfelt
50	gr.	Lauch – geputzt, gewaschen und in feine Ringe geschnitten
50	gr.	Kartoffeln – geschält und gewürfelt
1	Eßl.	Weißwein
450	gr.	Wasser
80	gr.	Sahne
60	gr.	Kerbel – gewaschen, von den Stielen befreit und gehackt
1	Prise	Salz
1	Msp.	Zimt – gemahlen

- Fett in einem Topf erhitzen.
- Gemüse (Knoblauch bis Kartoffeln) hineingeben und andünsten.
- Weißwein und Wasser dazugeben und in ca. 10 Minuten weichkochen.
- Danach in der Moulinette oder mit einem Mixstab fein pürieren und durch ein Haarsieb streichen (passieren).
- Sahne einrühren und ca. 5 Minuten köcheln lassen.
- Am Schluß den Kerbel unterheben und mit Salz und Zimt (nur einem Hauch!) abschmecken.

Antipasti **Seite**

Salate+Dressings **Seite**

buxs®

feine vegetarische Küche

Salate
Antipasti
Dressings

Auberginen

1.	200	gr.	Auberginen – gewaschen
	1/2	Eßl.	Salz
		——	
2.	20	gr.	Olivenöl
	1	St.	Knoblauchzehe – geschält und mit einer Knoblauchpresse zerdrückt
	1	Eßl.	Schnittlauch – gewaschen und fein geschnitten

1. Schritt:
- Auberginen in „Zebra-Streifen“ schälen.
- In ca. 1 cm dicke, schräge Scheiben schneiden.
- Kräftig einsalzen und ca. 20 Minuten ziehen lassen.
- Danach abwaschen und trockentupfen.

2. Schritt:
- Olivenöl und Knoblauch verrühren.
- Auberginenscheiben damit großzügig einreiben.
- Auf ein Backblech setzen.
- Bei 190° C ca. 20 Minuten backen.
- Mit Schnittlauch bestreuen.

Zucchini

1/2	St.	Knoblauchzehe – geschält
2	Eßl.	Distelöl
1	Prise	Salz
200	gr.	Zucchini – heiß gewaschen und von den Stielansätzen befreit
1/2	Eßl.	Minze – gewaschen, von den Stielen befreit und gehackt

- Eine Schüssel mit der Knoblauchzehe ausreiben.
- Distelöl und Salz darin verrühren.
- Zucchini in ca. 1 cm dicke, schräge Scheiben schneiden.
- Mit dem Ölgemisch einreiben.
- Auf ein Backblech setzen.
- Bei 175° C 12–15 Minuten backen.
- Mit der Minze bestreuen.

Fenchel

1	Prise	Salz
1	Eßl.	Sojasauce (Shoyu oder Tamari)
2	Eßl.	Kürbiskernöl (bitte kein anderes Öl verwenden)
200	gr.	Fenchel – von den äußeren Schalen und den über das feine Grün hinausgehenden Stangen befreit
1	Teel.	Dill – gewaschen, von den Stielen befreit und gehackt
1	Eßl.	Kürbiskerne – leicht geröstet

- Salz in der Sojasauce auflösen und mit dem Öl verrühren.
- Vom Fenchel das feine Grün abschneiden und fein hacken.
- Fenchel waschen und vierteln bzw. achteln.
- Mit dem Ölgemisch einreiben.
- Auf einem Backblech verteilen.
- Bei 175° C 15–20 Minuten backen.
- Mit Dill, Fenchelgrün und Kürbiskernen bestreuen.

Austernpilze

1	Prise	Salz
1/2	Eßl.	Sojasauce (Shoyu oder Tamari)
3	Eßl.	Olivenöl
1	St.	Knoblauchzehe – geschält und mit einer Knoblauchpresse zerdrückt
200	gr.	Austernpilze – geputzt und in kleinere Fächer gezupft
1	Teel.	Thymian – gewaschen, von den Stielen befreit und gehackt

1. Schritt:
- Salz in der Sojasauce auflösen.
- Mit Olivenöl und Knoblauch verrühren.
- Austernpilze damit einreiben.
- Auf ein Backblech legen.

2. Schritt:
- Bei 200° C 15 Minuten backen (Ober- und Unterhitze).
- Nochmals bei 220° C grillen, bis sie röstbraune Stellen bekommen.
- Thymian darüberstreuen.

Champignons

1	Prise	Salz
1/2	Eßl.	Sojasauce (Shoyu oder Tamari)
1-2	Eßl.	Olivenöl
1	St.	Knoblauchzehe – geschält und mit einer Knoblauchpresse zerdrückt
200	gr.	Champignons – geputzt
1	Teel.	Petersilie – gewaschen, von den Stielen befreit und gehackt

- Salz in der Sojasauce auflösen.
- Mit Olivenöl und Knoblauch verrühren.
- Mit den Champignons vermengen.
- Auf einem Backblech verteilen.
- Bei 200° C 15–20 Minuten backen.
- Mit Petersilie bestreuen.

Paprika

4	Eßl.	Olivenöl
1	Prise	Salz
1	St.	Knoblauchzehe – geschält und mit einer Knoblauchpresse zerdrückt
je 1	St.	gelber und roter Paprika – halbiert, vom Stielansatz und Samenbereich befreit
1	Eßl.	Basilikum – gewaschen, von den Stielen befreit und gehackt

- Olivenöl, Salz und Knoblauch verrühren.
- Paprika innen und außen mit dem Ölgemisch einreiben.
- Mit der Schale nach oben auf ein Backblech setzen.
- Bei 190° C 15–20 Minuten backen, bis dunkle Stellen (Blasen) entstehen.
- Danach mit einem feuchten Tuch 10 Minuten bedecken.
- Die Häute abziehen.
- Nochmals halbieren oder vierteln und mit Basilikum bestreuen.

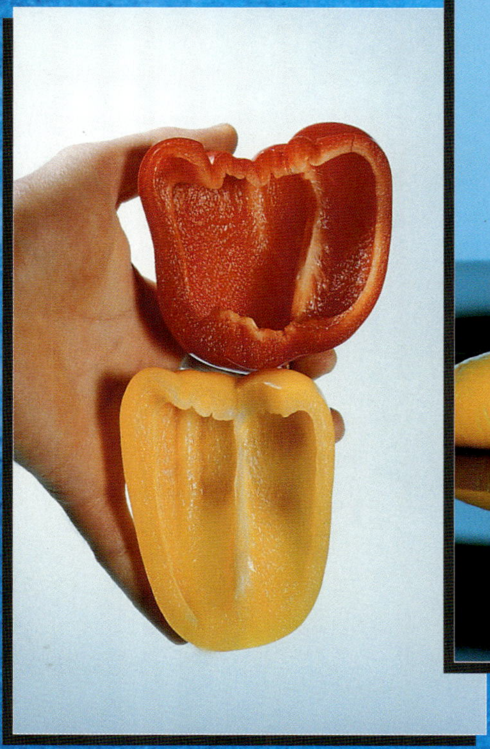

Broccoli mit Äpfeln + Birnen

300	gr.	Broccoli – in Rosen geteilt und in Salzwasser gewaschen
1/2	St.	Banane – geschält
1/2	St.	Apfel } gewaschen, geviertelt
1/2	St.	Birne } und Kerngehäuse entfernt
	Saft	von 1 Zitrone
50	gr.	Creme fraîche (französischer Sauerrahm)
20	gr.	Joghurt
20	gr.	Honig
1	Prise	Zimt
15	gr.	Mandelstifte – geröstet

- Broccoli-Röschen von den Stielen ganz kurz abschneiden und klein zerteilen.
- Stiele großzügig schälen und in feine Streifen schneiden oder mit der Gemüsereibe raspeln.
- Banane längs vierteln und in dünne Scheiben schneiden.
- Apfel und Birne in feine Stifte schneiden oder mit der Gemüsereibe raspeln.
- Obst mit dem Zitronensaft vermengen.
- Creme fraîche, Joghurt, Honig und Zimt glatt verrühren.
- Broccoli, Obst und Dressing miteinander vermengen.
- Mandeln darüberstreuen.

Salat aus dreierlei Kohl

1.	150	gr.	Weißkohl	innere Blätter gewaschen und ohne die groben Rippen in feine Streifen geschnitten
	150	gr.	Rotkohl	
	150	gr.	Chinakohl	
	2	Prisen	Salz	
	2	St.	Schalotten – geschält und in feine Ringe geschnitten	

2.	1	Eßl.	heißes Wasser
	1	Eßl.	Obstessig
			Salz, Pfeffer – gemahlen
	5	Eßl.	Distelöl
	1/2	Teel.	Kümmel – ganz
	1	Eßl.	Blattpetersilie – gewaschen und ohne Stiele gehackt

1. Schritt:
- Die Kohlstreifen salzen und 1/2 Stunde ziehen lassen.
- Danach den ausgetretenen Saft abschütten und den Kohl mit den Schalotten vermengen.

2. Schritt:
- Wasser, Essig, Salz und Pfeffer verrühren.
- Öl dazugeben und zu einem sämigen Dressing rühren.
- Kohl, Kümmel und Dressing vermengen und 1/2 Stunde ziehen lassen.
- Die Petersilie unterheben und eventuell nachwürzen.

Champignons mit Balsamiko-Vinaigrette

1.	1/2	Eßl.	Balsamiko-Essig
	1	Eßl.	heißes Wasser
	1	Prise	Salz
	4	Eßl.	Olivenöl
	1	St.	kleine Schalotte – geschält und fein geschnitten
	1	St.	Knoblauchzehe – geschält und fein gehackt
	1	Prise	Pfeffer

2.	350	gr.	Champignons – geputzt und in feine Streifen geschnitten
	150	gr.	Tomaten – enthäutet, Stielansatz und Samenkerne entfernt und Fruchtfleisch gewürfelt
	1	Eßl.	Basilikum – gewaschen, von den Stielen befreit und gehackt

1. Schritt:	•	Essig, Wasser und Salz verrühren.
	•	Olivenöl dazugeben und zu einem sämigen Dressing rühren.
	•	Schalotte und Knoblauch untermischen und mit Pfeffer abschmecken.
2. Schritt:	•	Champignons, Tomaten und Basilikum mit dem Dressing vermengen.

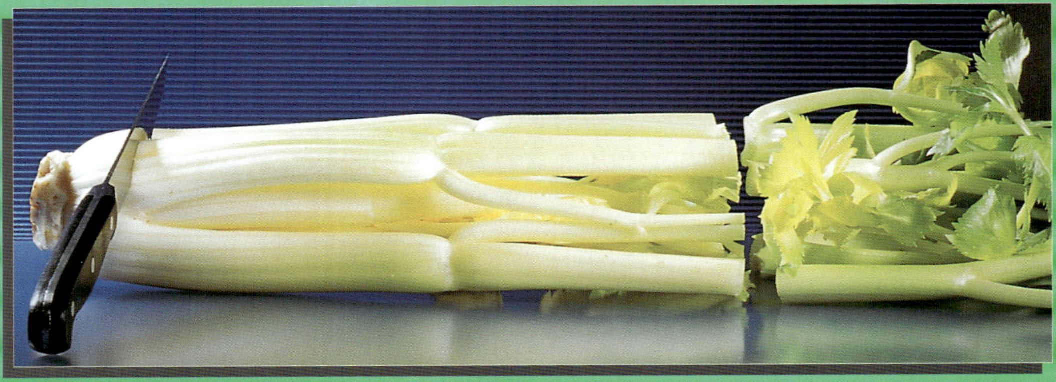

Stangensellerie in Avocadocreme

1.	1	St.	Avocado (reif)*
		Saft	von 1 Zitrone
	35	gr.	Distelöl (oder ein anderes geschmacksneutrales Öl)
	1/4	St.	Knoblauchzehe – ganz fein gehackt
2.	200	gr.	Stangensellerie – gewaschen
	1/2	Eßl.	Dill – gewaschen, von den Stielen befreit und gehackt
			Salz, Pfeffer

1. Schritt:

- Avocado schälen, halbieren, Kern entfernen und würfeln.
- 3/4 der Avocadowürfel, Zitronensaft, Öl und Knoblauch mit der Moulinette oder mit einem Mixstab cremig pürieren. Dabei zügig arbeiten, da das Avocadofleisch an der Luft schnell dunkel wird.

2. Schritt:

- vom Stangensellerie den mittleren Stangenbereich herausschneiden (siehe Abb.) und in feine Scheibchen schneiden.
- Mit dem Avocadopüree, den restlichen Avocadowürfeln und dem Dill vermengen.
- Mit Salz und Pfeffer abschmecken.

* Avocados sind reif, wenn ihre Schale dunkelgrün ist und sich von außen mit leichtem Widerstand eindrücken läßt. Weiche, bräunliche Stellen der Schale zeugen von Überreife. Diese setzen sich in der Regel auch im Fruchtfleisch fort und sollten weggeschnitten werden.

Tip: wenn Sie halbe Avocados aufbewahren wollen, lassen Sie immer den Kern im ungeschälten Fruchtfleisch und wickeln Sie sie in Klarsichtfolie. Im Kühlschrank aufbewahrt hält sie sich so 1–2 Tage, ohne dunkel zu werden.

Frühlingssalat mit Limonendressing

1. Gemischter Salat zum Beispiel aus:

Kopfsalat und Eichblattsalat	geputzt, gewaschen, getrocknet und kleingezupft

Radieschen – gewaschen und in Scheiben geschnitten
Eiszapfen – geschält und in Scheiben geschnitten

2.

2	Eßl.	heißes Wasser
	Saft	von 1 Limone
1	Msp.	Honig
1	Prise	Salz, Pfeffer – gemahlen
6	Eßl.	Sesamöl
1	Eßl.	Minze – gewaschen, von den Stielen befreit und gehackt

1. Schritt:
- Salate vorbereiten wie angegeben.

2. Schritt:
- Wasser, Limonensaft, Honig, Salz und Pfeffer verrühren.
- Öl dazugeben und zu einem sämigen Dressing rühren.
- Salate, Minze und Dressing vermengen.

Sommersalat mit Tomatenvinaigrette

1. Gemischter Salat zum Beispiel aus:

Lollo Verde
Ruccola
Brunnenkresse
} geputzt, gewaschen, getrocknet und kleingezupft

Kirschtomaten – gewaschen, Stielansatz entfernt und halbiert

—

2.	2	Eßl.	Olivenöl
	5-8	St.	Champignons – geputzt und in Scheiben geschnitten
	2-3	St.	Frühlingszwiebeln – geputzt und in Ringchen geschnitten

—

3.	1 1/2	Eßl.	heißes Wasser
	1 1/2	Eßl.	Balsamiko-Essig
	1	St.	Tomate – enthäutet (siehe S. 95), Stielansatz und Samenbereich entfernt und kleingeschnitten
	7	Eßl.	Olivenöl
	1/2	St.	Knoblauchzehe – geschält und feinst gehackt
	1	Prise	Salz, Pfeffer – gemahlen
	1	Teel.	Dill } gewaschen, von den Stielen befreit und gehackt
	1	Eßl.	Kerbel

1. Schritt:
- Salate vorbereiten wie angegeben.

2. Schritt:
- Olivenöl erhitzen.
- Champignons und Frühlingszwiebeln darin kurz anbraten.

3. Schritt:
- Wasser, Essig, Tomate, Öl, Knoblauch, Salz und Pfeffer im Mixer sämig pürieren.
- Salate, Kräuter und Dressing vermengen.

Herbstsalat mit Orangenvinaigrette

1. Gemischter Salat zum Beispiel aus:

Chicoréeblättern
Chinakohlblättern
gelbem Löwenzahn
jungem Blattspinat
} geputzt, gewaschen, getrocknet und kleingezupft

Orangenfilets

—

2.	3	Eßl.	Orangensaft
	1	Teel.	Zitronensaft
	1	Msp.	Honig
	1	Prise	Salz, Pfeffer – gemahlen
	6	Eßl.	Distelöl
	1	Teel.	Zitronenmelisse – gewaschen, von den Stielen befreit und gehackt
	1	Eßl.	Schnittlauch – gewaschen und kleingeschnitten

1. Schritt:
- Salate vorbereiten wie angegeben.

2. Schritt:
- Orangensaft, Zitronensaft, Honig, Salz und Pfeffer verrühren.
- Öl dazugeben und zu einem sämigen Dressing rühren.
- Salate, Orangenfilets, Kräuter und Dressing vermengen.

Wintersalat mit Senfdressing

1. Gemischter Salat zum Beispiel aus:

Radicchio, Frisée, Feldsalat – geputzt, gewaschen, getrocknet und kleingezupft
gelbem Paprika – gewaschen, ohne Stielansatz und Samenbereich in Streifen geschnitten

---

2.

2	Eßl.	heißes Wasser
1/2	Teel.	gekörnte Gemüsebrühe
1	Prise	Salz
1 1/2	Teel.	Senf – mittelscharf
6	Eßl.	Walnußöl
2	Eßl.	Blattpetersilie – gewaschen, von den Stielen befreit und grob gehackt
		Walnußkerne

1. Schritt:
- Salate vorbereiten wie angegeben.

2. Schritt:
- Zuerst Wasser, Gemüsebrühe und Salz verrühren; dann den Senf dazugeben.
- Öl ebenfalls dazugeben und zu einem sämigen Dressing rühren.
- Salate, Petersilie und Dressing vermengen.
- Nach Belieben mit ein paar Walnußkernen servieren.

Das Keimen von Getreiden und Hülsenfrüchten:

1. Phase (im Wasser):

- Saatgut gründlich waschen und abgießen.
- In ca. dreifacher Menge Wasser einlegen.
- Ca. 10–12 Stunden quellen lassen.

2. Phase (an der Luft):

- Keimgut gründlich spülen, abgießen und mit einem Tuch bedeckt stehen lassen.
- Bis zum idealen Keimstadium alle 8–10 Stunden abermals spülen, abgießen und wieder stehen lassen.

Das ideale Keimstadium ist erreicht, wenn die „Schwänzchen“ etwa so lang sind, wie das Saatgut groß ist.

Der Keimprozess vollzieht sich zeitlich abhängig von der Art des Saatgutes, von der Temperatur und von der Mondphase (zunehmender Mond: schneller; abnehmender Mond: langsamer). Durchschnittlich beträgt er 3–4 Tage.

Der Keimvorgang sollte nicht unter 18 °C stattfinden, da er sonst nur zögerlich vor sich geht.

Die unten abgebildeten Behältnisse sind nur aus Demonstrationszwecken ausgewählt worden. In der Praxis sind Schüsseln oder Einmachgläser sinnvoll.

Das Garen von gekeimten Getreiden und Hülsenfrüchten:

- Einen Topf ca. 2 cm hoch mit Wasser füllen und zum Kochen bringen.
- Das gekeimte Saatgut in ein Sieb oder einen Siebeinsatz geben.
- Mit Deckel versehen und über dem Wasserdampf 1–2 Minuten garen. Dabei sollten die Keime ihre Bißfestigkeit bewahren.
- Am Schluß unter fließend-kaltem Wasser abschrecken.

Gekeimte Getreide und Hülsenfrüchte (inkl. gekeimter ölhaltiger Saaten wie z.B. Sonnenblumenkerne) sind wohl das Wertvollste, was die belebte Natur an Nahrung bietet.

Sie enthalten neben Kohlenhydraten und wertvollstem Eiweiß Vitamine und Spurenelemente in außergewöhnlich hohen Konzentrationen. Außerdem vermitteln sie Lebensinformationen, deren Umfang und positive Auswirkung auf den Organismus nur schwer bzw. gar nicht zu beschreiben sind.

Über den kurzen und schonenden Garvorgang, wie er oben beschrieben und unten abgebildet ist, werden gekeimte Getreide und Hülsenfrüchte für die menschliche Verdauung optimal aufgeschlossen.

Salat aus gekeimtem Roggen

1.	250	gr.	Roggen – gekeimt (siehe Seite 44)
	60	gr.	Karotten } geschält und kleingewürfelt
	60	gr.	Sellerie } geschält und kleingewürfelt
	60	gr.	Frühlingszwiebeln – geputzt, gewaschen und in feine Ringe geschnitten
2.	2	Eßl.	Kochwasser vom Gemüsegaren (siehe 1. Schritt)
	2	Teel.	Ume Su (japanischer Fruchtessig)
	1	Teel.	gekörnte Gemüsebrühe
	1	Prise	Salz, Pfeffer – gemahlen
	5	Eßl.	Haselnußöl

1. Schritt:

- Gekeimter Roggen wie auf Seite 45 beschrieben bißfest garen – jedoch nicht 1-2 Minuten, sondern über 6-8 Minuten gegart.
- Ca. 2 Minuten vor Garende Karotten, Sellerie und Frühlingszwiebeln in das Sieb dazugeben, wieder mit Deckel versehen und ebenfalls bißfest mitgaren.
- Roggen und Gemüse kalt abschrecken.

2. Schritt:

- Kochwasser, Ume Su, Gemüsebrühe, Salz und Pfeffer verrühren.
- Öl dazugeben und zu einem sämigen Dressing rühren.
- Roggen, Gemüse und Dressing vermengen und 1/2 Stunde ziehen lassen.

Gekeimte Rote Linsen

1.	100	gr.	Lauch – geputzt, gewaschen und in kleine Ringchen geschnitten
2.	2	Eßl.	Obstessig
	2	Eßl.	Kochwasser vom Lauchdämpfen (siehe 1. Schritt)
	1	Prise	gekörnte Gemüsebrühe
	1	Prise	Salz
	8	Eßl.	Distelöl
3.	200	gr.	Rote Linsen – gekeimt und gegart (siehe Seite 44 + 45)
	2	Eßl.	Blattpetersilie – gewaschen und ohne Stiele grob gehackt
			Nelke – gemahlen

1. Schritt:
- Lauchringchen ebenso wie die roten Linsen über dem Dampf bißfest garen (siehe Seite 45).

2. Schritt:
- Essig, Kochwasser, Gemüsebrühe und Salz verrühren.
- Öl dazugeben und zu einem sämigen Dressing rühren.

3. Schritt:
- Linsen, Lauch, Petersilie und Dressing miteinander vermengen.
- Mit Nelke abschmecken und 1/2 Stunde ziehen lassen.

Gekeimte Flachlinsen (Prärielinsen)

1.	80	gr.	Frühlingszwiebeln – geputzt und inkl. der knackigen Grünteile in schräge Ringchen geschnitten
		—	
2.	4	Eßl.	Kochwasser vom Zwiebeldämpfen (siehe 1. Schritt)
	1/2	Teel.	gekörnte Gemüsebrühe
	1	Teel.	Curry
	1	Prise	Salz
	5	Eßl.	Distelöl
		—	
3.	2	Eßl.	Koriander – gewaschen, von den Stielen befreit und gehackt
	200	gr.	Flachlinsen – gekeimt und gegart (siehe Seite 44 + 45)

1. Schritt:
- Zwiebelringchen ebenso wie die Linsen über Wasserdampf bißfest garen (siehe Seite 45).

2. Schritt:
- Kochwasser, Gemüsebrühe, Curry und Salz verrühren.
- Öl dazugeben und zu einem sämigen Dressing rühren.

3. Schritt:
- Frühlingszwiebeln, Koriander und Dressing vermengen.
- Danach mit den Linsen vermischen und eine 1/2 Stunde ziehen lassen.

Salat aus gekeimtem Buchweizen

1.	2	Eßl.	heißes Wasser
	2	Teel.	Zitronensaft
	1/2	Teel.	gekörnte Gemüsebrühe
	1	Prise	Salz, Pfeffer – gemahlen
	5	Eßl.	Sesamöl
2.	250	gr.	Buchweizen – gekeimt und gegart (siehe Seite 44 + 45)
	60	gr.	roter Paprika – gewaschen, Stielansatz und Samenbereich entfernt und kleingewürfelt
	60	gr.	Bleichsellerie – den mittleren Stangenbereich herausgeschnitten (siehe Abb. Seite 34), gewaschen und in schmale Stücke geschnitten
	60	gr.	gegarte Maiskörner - frisch, tiefgekühlt oder aus dem Glas
	2	Eßl.	Petersilie - gewaschen, von den Stielen befreit und gehackt

1. Schritt:

- Wasser, Zitronensaft, Gemüsebrühe, Salz und Pfeffer verrühren.
- Öl dazugeben und zu einem sämigen Dressing rühren.

2. Schritt:

- Buchweizen, Gemüse und Dressing vermengen und 1/2 Stunde ziehen lassen.
- Vor dem Anrichten die Petersilie unterheben und eventuell nachwürzen.

Gekeimte Braune Linsen (Gourmetlinsen)

1.	1	Eßl.	Rotweinessig
	1	Eßl.	heißes Wasser
	1	Prise	gekörnte Gemüsebrühe
	1	Prise	Salz
	4	Eßl.	Kürbiskernöl

2.	100	gr.	Paprika (möglichst bunt) – gewaschen, von Stielansätzen und Samenbereich befreit und kleingewürfelt
	1	St.	Schalotte – geschält und feinst gewürfelt
	200	**gr.**	**Braune Linsen – gekeimt und gegart (siehe Seite 44 + 45)**
			Pfeffer – gemahlen
	1	Eßl.	Petersilie – gewaschen, von Stielen befreit und gehackt

1. Schritt:
- Essig, heißes Wasser, Gemüsebrühe und Salz verrühren.
- Öl dazugeben und zu einem sämigen Dressing rühren.

2. Schritt:
- Paprika und Schalotte mit dem Dressing vermengen und danach mit den Linsen vermischen.
- Mit Pfeffer abschmecken und 1/2 Stunde ziehen lassen.
- Vor dem Servieren die Petersilie unterheben.

Gekeimte Kichererbsen

1.	500	gr.	Wasser
	30	gr.	gekörnte Gemüsebrühe
	250	**gr.**	**Kichererbsen – gekeimt (siehe Seite 44)**

2.	1 1/2	Eßl.	Rotweinessig
	1	Teel.	Sojasauce (Shoyu oder Tamari)
	1	Eßl.	Kichererbsen-Kochwasser (siehe 1. Schritt)
	1	Prise	Salz
	6	Eßl.	Olivenöl

3.	150	gr.	Tomaten – enthäutet (siehe S. 95) und ohne Stielansatz und Samenbereich gewürfelt
	2	St.	Schalotten – geschält und sehr klein geschnitten
	1	St.	Knoblauchzehe – geschält und feinst gehackt
			Pfeffer – gemahlen
	1	Eßl.	Basilikum – gewaschen, von den Stielen befreit und gehackt

1. Schritt:
- Wasser und Gemüsebrühe erhitzen.
- Kichererbsen darin in 10–15 Minuten weichkochen.
- Danach mit kaltem Wasser abschrecken.

2. Schritt:
- Essig, Sojasauce, Kochwasser und Salz verrühren.
- Öl dazugeben und zu einem sämigen Dressing rühren.

3. Schritt:
- Tomaten, Schalotten und Knoblauch mit dem Dressing vermengen und danach mit den Kichererbsen vermischen.
- Mit Pfeffer abschmecken und 1/2 Stunde ziehen lassen.
- Vor dem Servieren den Basilikum unterheben.

Cous-Cous mit gebratenen Pilzen

1.	4	Eßl.	Distelöl
	150	gr.	Cous Cous (Weizengrieß)
	180	gr.	Wasser – mit einer Prise Salz leicht gewürzt
		–––	
2.	1/2	Eßl.	Distelöl
	180	gr.	Champignons – geputzt und halbiert bzw. geviertelt
	120	gr.	gelber und roter Paprika – gewaschen, vom Stielansatz und dem Kernbereich befreit und in kleine Rauten geschnitten
	1-3	Eßl.	Wasser
	1	Eßl.	Sojasauce (Shoyu oder Tamari)
	1	Teel.	gekörnte Gemüsebrühe
	1	Eßl.	Minze – gewaschen, von den Stielen befreit und gehackt

1. Schritt:

- Distelöl in einem Topf erhitzen und Cous Cous darin anbraten, bis es nussig duftet.
- Unter ständigem Rühren das Wasser zugeben und solange weiterrühren, bis die Masse fest wird.
- Danach von der Kochstelle nehmen und im geschlossenen Topf ca. 30 Minuten ausquellen lassen. Der Cous Cous sollte am Schluß von trockener, lockerer Konsistenz sein.

2. Schritt:

- Distelöl erhitzen und das Gemüse darin scharf anbraten.
- Wasser, Sojasauce und Brühe verrühren und das Gemüse damit ablöschen.
- Cous Cous mit dem Gemüse und der Minze vermengen.
- Mit Salz abschmecken.

Bulghur mit Wirsingstreifen

1.	3	Eßl.	Distelöl
	125	gr.	Bulghur (geschrotete Weizenart)
	180	gr.	Wasser

2.	300	gr.	Wirsing – innere Blätter gewaschen, ohne die Rippen gedrittelt und in 1/2 cm breite Streifen geschnitten
		---	
3.	1	Eßl.	Distelöl
	1-2	Döschen Safran	

4.	2	Eßl.	Kochwasser vom Wirsingdämpfen (siehe 2. Schritt)
	1/2	Teel.	Sojasauce (Shoyu oder Tamari)
	1	Teel.	gekörnte Gemüsebrühe
	1/2	Teel.	Nelken – gemahlen
	1	Prise	Salz
	4	Eßl.	Distelöl
	1	Teel.	Erdnußmus (kann auch weggelassen werden)

1. Schritt:
- Distelöl erhitzen und Bulghur darin anbraten, bis er nussig duftet.
- Unter ständigem Rühren das Wasser zugießen und 5 Minuten im geschlossenen Topf köcheln lassen.
- Danach von der Kochstelle nehmen und im geschlossenen Topf ca. 30 Minuten ausquellen lassen. Der Bulghur sollte am Schluß von lockerer, trockener Konsistenz sein.

2. Schritt:
- Wirsing in einem Sieb über Wasserdampf (mit Deckel) weichgaren (s. S. 45).
- Danach mit kaltem Wasser abschrecken.

3. Schritt:
- Bulghur in eine Schüssel füllen, in die Mitte das Distelöl und darauf den Safran geben und mit beiden Händen „einmassieren".

4. Schritt:
- Die Zutaten – Gemüsewasser bis Salz – miteinander verrühren.
- Danach mit dem Distelöl und dem Erdnußmus ein Dressing rühren.
- Bulghur, Wirsing und Dressing vermengen.
- 1/2 Stunde ziehen lassen und eventuell nachwürzen.

Reis mit grüner Kokosmilch

1.	2	Eßl.	Sesamöl
	125	gr.	Vollkornreis (Rundkorn) – gewaschen und gut abgetropft
	225	gr.	Wasser

2.	150	gr.	Kokosmilch (erhältlich in Fernost-Geschäften)
	15	gr.	Petersilie – gewaschen und von den Stielen befreit

3.	1	Eßl.	Sesamöl
	100	gr.	Frühlingszwiebeln – geputzt und in ca 1/2 cm breite Stücke geschnitten
	150	gr.	grüner Spargel – gewaschen, geschält und in kleine Stücke geschnitten
	1	kl.	Stückchen einer Chilischote – gewaschen, ohne Stielansatz und Kernbereich kleingeschnitten
	1/3	St.	Lemongras – gewaschen und in schräge Stücke geschnitten
	1-2	Eßl.	Wasser
	1	Teel.	Thai-Basilikum (roter Basilikum) } gewaschen, von den Stielen befreit und gehackt
	1	Eßl.	Koriander }
	1-2	Teel.	Ume Su (japanischer Reisessig)
	1	Eßl.	Sojasauce (Shoyu oder Tamari)
			Salz

1. Schritt:
- Sesamöl in einem Topf erhitzen.
- Reis darin anbraten, bis er nussig duftet.
- Wasser aufgießen und mit geschlossenem Deckel zum Kochen bringen.
- Danach Hitzezufuhr reduzieren und mit ebenfalls geschlossenem Deckel in ca. 30 Minuten bißfest garen.

2. Schritt:
- Kokosmilch und Petersilie mit dem Mixstab oder in der Moulinette sämig pürieren.
- Mit dem Reis vermischen.

3. Schritt:
- Sesamöl in der Pfanne erhitzen.
- Frühlingszwiebeln, Spargel, Chili und Lemongras darin scharf anbraten.
- Danach mit Wasser ablöschen und mit den Kräutern vermengen.
- Lemongras herausnehmen.
- Gemüse mit Ume Su, Sojasauce und Salz abschmecken.
- Mit dem Reis vermischen und eventuell nachwürzen.

Kürbissalat

1.	250	gr.	Kürbis (bevorzugt Hokkaido-Kürbis) – geschält (geht etwas schwer), halbiert, Stielansatz und Samenbereich entfernt und gewürfelt
	80	gr.	Lauch – geputzt, in 1–2 cm breite Stücke geschnitten und gewaschen
	80	gr.	Paprika – gewaschen, Stielansatz und Samenbereich entfernt und in Rauten geschnitten
		—	
2.	2	Eßl.	Kochwasser vom Gemüsegaren (siehe 1. Schritt)
	1	Eßl.	Zitronensaft
	1	Teel.	gekörnte Gemüsebrühe
	1	Prise	Salz, Pfeffer – gemahlen
	4	Eßl.	Distelöl
	1	Eßl.	Koriander – gewaschen, von den Stielen befreit und gehackt

1. Schritt:

- Einen Topf ca. 3 cm mit Wasser füllen und zum Kochen bringen.
- Kürbis in ein Sieb oder einen Siebeinsatz geben, mit Deckel versehen und über dem Wasserdampf in 5–8 Minuten weichgaren.
- 2 Minuten vor dem Garende den Lauch und die Paprika auf den Kürbis legen und mit diesem zusammen weichgaren.
- Danach mit kaltem Wasser abschrecken.

2. Schritt:

- Kochwasser, Zitronensaft, Gemüsebrühe, Salz und Pfeffer verrühren.
- Öl dazugeben und zu einem sämigen Dressing rühren.
- Koriander in das Dressing geben und mit dem Kürbis vermengen.
- 1/2 Stunde ziehen lassen und eventuell nachwürzen.

Variation: ein paar gegarte Kürbiswürfel zu Brei zerdrücken und mit dem Essig-Öl-Gemisch ein cremiges Dressing zubereiten (siehe Abbildung links-oben).

Das rechtsstehende Rezept ist ein überliefertes Rezept meiner Mutter Luise Lander.
Sie schwört darauf, daß die Reihenfolge der Zutaten bzw. der Arbeitsschritte genau eingehalten werden muß.

Also tun wir dieses auch in unserem Münchner Restaurant buxs.
Und unser Kartoffelsalat ist bekanntermaßen gut!

Die links abgebildete Gemüsereibe stammt übrigens aus der alten Wirtschaft meiner Mutter und ist bereits über 40 Jahre alt.

Erst die Kartoffeln,....

dann Zwiebelmus, Salz, Pfeffer u. Muskat,....

Kartoffelsalat nach dem Rezept meiner Mutter

650	gr.	festkochende Salatkartoffeln (Nicola, Desirée o.ä.) – gewaschen
20	gr.	Zwiebeln – geschält und mit einer Gemüsereibe zu Mus gerieben
1	Prise	Salz
1	Prise	Pfeffer, Muskatnuß – gemahlen bzw. gerieben
45	gr.	Obstessig
1	Eßl.	gekörnte Gemüsebrühe – in 130 gr. heißem Wasser aufgelöst
90	gr.	Distelöl
1–2	Eßl.	Schnittlauch – gewaschen und kleingeschnitten

- Kartoffeln in 25–40 Minuten weichgaren.
- Danach die Haut abziehen (pellen) und in sehr warmem Zustand mit der Hand oder einer Gemüsereibe in feine Scheiben schneiden.
- Geriebene Zwiebeln darübergeben.
- Darauf Salz, Pfeffer und Muskat
- Darüber Essig und Gemüsebrühe
- Am Schluß über alles das Öl gießen und 10 Minuten unvermengt stehen lassen.
- Danach „gefühlvoll“ und vorsichtig vermengen (der Kartoffelsalat muß “schmatzen”).
- Am Schluß Schnittlauch darüberstreuen.

dann Essig u. Gemüsebrühe, ...

und am Schluß das Öl.

Zutaten:

1.	250	gr.	Tofu (Sojaquark) – in Würfel geschnitten und 12–16 Stunden in soviel Sojasauce (Shoyu oder Tamari) eingelegt, daß er davon bedeckt ist.
	3-4	Eßl.	Sesamöl
	1	Teel.	Ume Su (japanischer Fruchtessig)
2.	3-4	Eßl.	Sesamöl
	60	gr.	Frühlingszwiebeln – äußere Haut entfernt und Zwiebeln in ca. 1/2cm breite Scheibchen geschnitten
	100	gr.	Bunter Paprika – gewaschen, Stielansatz und Kernbereich entfernt und in ca. 1/2 cm breite Streifen geschnitten
	4-6	St.	Artischocken bzw. Artischockenböden (eingelegt aus dem Glas oder aus der Dose – sofern sie in klarer Brühe eingelegt sind, kurz in frischem Wasser gewässert) – in mundgerechte Stücke geschnitten.
3.	1	Eßl.	Koriander – gewaschen, von den Stielen befreit und gehackt oder 1 Eßl. Thaischnittlauch – grob geschnitten Salz, Pfeffer

Salat aus Tofu + Artischocken

Zubereitung:

1. Schritt:
- Tofu abtropfen lassen und im Öl anbraten.
- 2 Eßl. der Sojasauce und Ume Su dazugeben, miteinander vermengen und von der Herdstelle nehmen.

2. Schritt:
- Sesamöl erhitzen.
- Frühlingszwiebeln mit 1 Eßl. Sojasauce vermengen und im Öl anbraten, bis sie leicht braun sind.
- Paprika dazugeben und bißfest weiterbraten.
- Am Schluß die abgetropften Artischocken dazugeben, von der Herdstelle nehmen und vorsichtig vermischen.

3. Schritt:
- Tofu, Gemüse und Koriander vermengen.
- 1/2 Stunde ziehen lassen und eventuell mit Salz und Pfeffer nachwürzen.

Gemüse	Seite

buxs®

feine vegetarische Küche

Gemüse-Zubereitungen

Pastinaken in würziger Sahne

1-2	Eßl.	Butter oder Margarine
350	gr.	Pastinaken – geschält und in angenehme Stücke geschnitten
1	Prise	Salz
1	Prise	Pfeffer – gemahlen
100	gr.	Wasser
1/2	Teel.	Balsamiko-Essig
30	gr.	Sahne
50	gr.	Wasser
1	Teel.	Reismehl (siehe Rohstoffhinweise S. 234)
1	Eßl.	Basilikumblättchen – kleingeschnitten

- Fett in der Pfanne erhitzen.
- Pastinaken hineingeben, mit Salz und Pfeffer bestreuen und leicht anbraten.
- Danach Wasser und Essig dazugeben, mit Deckel versehen und bißfest garen.
- Sahne, Wasser und Reismehl glattrühren, in das Gemüse einrühren und einmal kurz aufkochen lassen.
- Basilikum unterheben und eventuell nachwürzen.

Pastinaken mit Olivenpesto

1.	1-2	Eßl.	Olivenöl
	350	gr.	Pastinaken – geschält und in angenehme Stücke geschnitten
	1	Prise	Salz, Pfeffer – gemahlen
	1	Tasse	Wasser
2.	2	Eßl.	Petersilie – gewaschen, von den Stielen befreit und gehackt
	4-6	Eßl.	Olivenöl
	60	gr.	schwarze und grüne Oliven – von den Stielen befreit, entsteint und in Ringchen geschnitten

1. Schritt:
- Öl in der Pfanne erhitzen.
- Pastinaken hineingeben, mit Salz und Pfeffer bestreuen und anbraten.
- Mit dem Wasser ablöschen und mit Deckel versehen gardünsten.

2. Schritt:
- Petersilie und Öl mit der Moulinette bzw. einem Mixstab fein pürieren oder in einem Mörser zerreiben (Pesto herstellen).
- Pesto und Olivenringe mit dem Gemüse vermengen.
- Eventuell nachwürzen.

Karotten in Curryrahm

Zutaten:

1/2	Eßl.	Butter oder Margarine
400	gr.	Karotten – geschält und in angenehme Stücke geschnitten
125	gr.	Sahne
1	Eßl.	Reismehl (siehe Rohstoffhinweise auf Seite 234)
1-2	Teel.	Curry
1	Prise	Salz

Zubereitung:

- Fett im Topf erhitzen, Karotten dazugeben, mit Deckel versehen und mit wenig Wasser weichgaren.
- Sahne erhitzen.
- Reismehl und Curry mit etwas Wasser glattrühren und in die heiße Sahne einrühren.
- Unter Rühren kurz aufkochen lassen.
- Mit den Karotten vermengen und mit Salz abschmecken.

Karotten mit Pimpinelle

Zutaten:

2	Eßl.	Butter oder Margarine
400	gr.	Karotten – geschält und in angenehme Stücke geschnitten
1	Prise	Salz
		Muskatnuß – gerieben
1	Eßl.	Pimpinelle – gewaschen, von den Stielen befreit und gehackt

Zubereitung:

- Fett in der Pfanne erhitzen.
- Karotten hineingeben und unter zeitweisem Umrühren und Wenden bißfest oder weich braten. Wenn sie nicht saftig genug sind, etwas Wasser dazugeben.
- Mit Salz und Muskat abschmecken und mit der Pimpinelle vermengen.

Lauch mit Parmesan

400	gr.	Lauch – geputzt, in angenehme Stücke geschnitten und gewaschen
1	Prise	Salz
1	Prise	Pfeffer – gemahlen
1	Prise	Muskatnuß – gerieben
30	gr.	Parmesan (italienischer Hartkäse) – gerieben
1-2	Eßl.	Butterflöckchen

- Lauch dünsten.
- Mit Salz, Pfeffer und Muskat abschmecken.
- Auf ein Backblech verteilen, mit Parmesan und Butterflöckchen bestreuen und im vorgeheizten Backofen bei 220 °C ca. 3 Minuten gratinieren.

Lauch mit passierten Tomaten

1.	1	Tasse	Wasser
	400	gr.	Lauch – geputzt, in angenehme Stücke geschnitten und gewaschen
2.	1-2	Eßl.	Butter oder Margarine
	2-3	Stck.	Tomaten – gewaschen, Stielansatz entfernt und gewürfelt
	1	Eßl.	trockener Weißwein
	1	Stck.	Lorbeerblatt
	1	Msp.	Basilikum – getrocknet
	1	Msp.	Knoblauch – feinst gehackt
	1	Teel.	Sojasauce (Shoyu oder Tamari)
	1	Prise	Salz, Pfeffer – gemahlen
	1	Prise	Vollrohrzucker oder Honig

1. Schritt:

- Wasser in einem Topf erhitzen.
- Lauch in ein Sieb oder einen Siebeinsatz geben, mit Deckel versehen, in den Topf hängen und über dem Wasserdampf weich garen.

2. Schritt:

- Fett erhitzen und die Tomatenwürfel darin kurz anbraten.
- Kochwasser vom Lauchgaren und die Zutaten vom Wein bis zum Knoblauch dazugeben und köcheln lassen, bis die Tomaten zerfallen.
- Alles durch ein Sieb streichen (passieren) und mit Sojasauce, Salz, Pfeffer und Zucker oder Honig abschmecken.
- Lauch und Tomatencreme vermengen und gemeinsam etwas köcheln lassen.
- Eventuell mit Salz nachwürzen.

Austernpilze mit Salbei

3	Eßl.	Olivenöl
2	St.	Knoblauchzehen – geschält und in feine Längsstreifen geschnitten
350	gr.	Austernpilze – geputzt und in angenehme Stücke geteilt
1	Eßl.	Sojasauce (Shoyu oder Tamari)
1	Prise	Salz, Pfeffer – gemahlen
1	Eßl.	Salbei – gewaschen, von den Stielen befreit und gehackt

- Öl in der Pfanne erhitzen.
- Knoblauchstreifen darin glasig dünsten.
- Austernpilze dazugeben und in der offenen Pfanne bei mittlerer Hitze braten, zwischendurch umrühren bzw. wenden (die Knoblauchstreifen dürfen nicht verbrennen).
- Mit der Sojasauce vermengen und mit Salz und Pfeffer abschmecken.
- Am Schluß den Salbei unterheben.

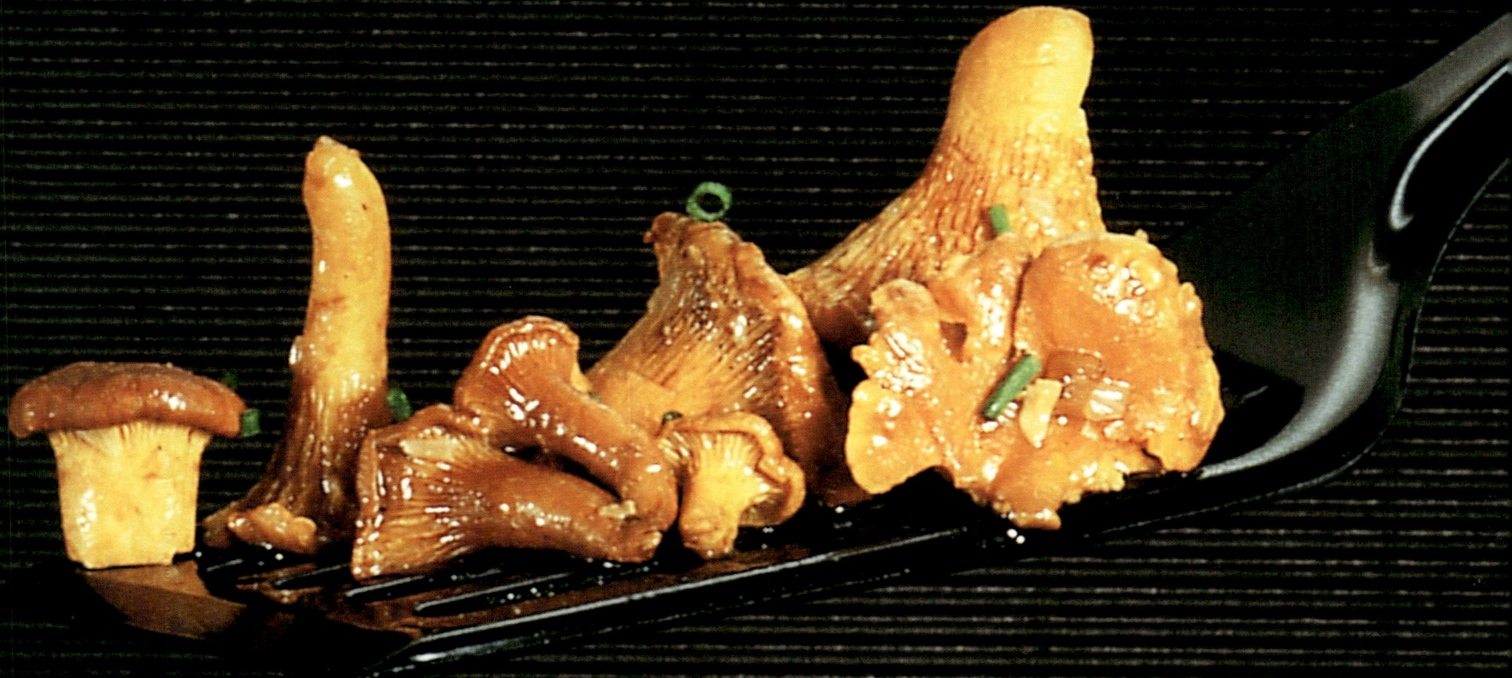

Pfifferlinge mit Schnittlauchröllchen

75	gr.	Butter oder Margarine
3	St.	Schalotten – geschält und fein gewürfelt
300	gr.	Pfifferlinge – geputzt
1/2	Teel.	Zitronensaft
1	Prise	Salz, Pfeffer – gemahlen
1	Eßl.	Schnittlauch – gewaschen und in Röllchen geschnitten

- Fett in der Pfanne erhitzen.
- Schalotten darin glasig dünsten.
- Pfifferlinge dazugeben und bei mittlerer Hitze und mit geschlossenem Deckel weich garen. Dabei eventuell etwas Wasser zugeben.
- Mit Zitronensaft, Salz und Pfeffer abschmecken.
- Am Schluß den Schnittlauch unterheben.

Shiitakepilze mit Peperoni

3	Eßl.	Sesamöl
100	gr.	Frühlingszwiebeln – geputzt und in feine Ringe geschnitten
200	gr.	Shiitakepilze – geputzt und in angenehme Stücke geteilt
4	St.	Ringchen einer roten Peperoni – ohne Samenkerne!
1	Teel.	Reiswein (Sake oder Mirin)
1	Prise	Salz, Pfeffer – gemahlen

- Öl in der Pfanne erhitzen.
- Frühlingszwiebeln darin glasig dünsten.
- Shiitakepilze und Peperoni dazugeben und in der offenen Pfanne bei mittlerer Hitze braten, zwischendurch umrühren oder wenden.
- Mit Reiswein vermengen und mit Salz und Pfeffer abschmecken.

Champignons mit Thymian

3	Eßl.	Distelöl
2	St.	Schalotten – geschält und fein gewürfelt
350	gr.	Champignons – geputzt und in Scheiben geschnitten
1 - 2	Eßl.	trockener Weißwein
1	Prise	Salz, Pfeffer – gemahlen
1	Eßl.	Thymian – gewaschen, von den Stielen befreit und gehackt

- Öl in der Pfanne erhitzen.
- Schalotten darin glasig dünsten.
- Champignons dazugeben und in der offenen Pfanne bei mittlerer Hitze braten, zwischendurch umrühren oder wenden.
- Mit dem Wein vermengen und mit Salz und Pfeffer abschmecken.
- Am Schluß den Thymian unterheben.

Pak-Choi mit Bambussprossen

2	Eßl.	Sesamöl
100	gr.	Bambussprossen – eingelegt im Glas oder in der Dose (erhältlich in asiatischen Lebensmittelgeschäften), in angenehme Scheiben geschnitten
400	gr.	Pak-Choi (Mangold-ähnliches Gemüse) – vom Strunk gelöst, gewaschen und in mundgerechte Stücke geschnitten
200	gr.	Wasser
2	Eßl.	Sojasauce (Shoyu oder Tamari)
1	Teel.	Reismehl (siehe auch Rohstoffhinweise Seite 234)
1	Prise	Salz, Pfeffer – gemahlen
2	Eßl.	Thai-Schnittlauch – gewaschen und grob geschnitten
2	Eßl.	Erdnüsse – geröstet

- Öl in der Pfanne erhitzen.
- Bambussprossen leicht darin anbraten.
- Pak-Choi dazugeben und 2-3 Minuten weiterbraten.
- Wasser und Sojasauce dazugeben und ohne Deckel unter Umrühren bzw. Wenden fertig garen.
- Reismehl mit 1/3 Tasse Wasser glattrühren, zum Gemüse geben und einmal kurz aufkochen lassen.
- Mit Salz und Pfeffer abschmecken.
- Am Schluß den Schnittlauch und die Erdnüsse unterheben.

Radicchio mit Birnen

50	gr.	Butter oder Margarine
1	Prise	Salz
200	gr.	Radicchio – geputzt, den Strunkansatz keilförmig ausgeschnitten, gewaschen und die Blätter in mundgerechte Stücke geschnitten
1/4-1/2	St.	reife Birne – gewaschen, Kernhaus, Stiel- und Blütenansatz entfernt und Fruchtfleisch in angenehme Stücke geschnitten
1	Eßl.	Mascarpone (italienisches Rahmprodukt)
1	Prise	Pfeffer – gemahlen, eventuell noch eine Prise Salz
1	Eßl.	Petersilie – gewaschen, von den Stielen befreit und gehackt

- Fett in der Pfanne erhitzen und mit Salz verrühren.
- Radicchio darin anbraten.
- Birnen vorsichtig untermengen.
- Mascarpone dazugeben und schmelzen lassen.
- Mit Pfeffer und Salz abschmecken.
- Am Schluß die Petersilie unterheben.

Wurzelspinat mit Rahm

1.	500	gr.	Wurzelspinat – grobe Stiele entfernt und Blätter gewaschen
2.	2-3	Eßl.	Butter oder Margarine
	1	St.	Schalotte – geschält und fein gehackt
	100	gr.	Sahne
	1	Prise	Salz
	1	Prise	Muskatnuß – gerieben

1. Schritt:
- Spinat dünsten bis er leicht zusammenfällt.
  Danach grob hacken.

2. Schritt:
- Fett in der Pfanne erhitzen.
- Schalotte darin glasig dünsten.
- Spinat dazugeben und mit der Sahne vermengen.
- Das Ganze solange ohne Deckel leicht köcheln lassen, bis die Sahne etwas eingedickt ist (ca. 3-5 Minuten).
- Mit Salz und Muskatnuß abschmecken.

Blattspinat mit Pinienkernen

1.	500	gr.	Blattspinat – gewaschen
		——	
2.	1	Eßl.	Butter oder Margarine
	1	St.	Knoblauchzehe – geschält und fein gehackt
	1	Eßl.	Pinienkerne
	1/2	Teel.	Zitronensaft
	1	Prise	Salz, Pfeffer – gemahlen
	1	Eßl.	Mascarpone (italienisches Rahmprodukt)

1\. Schritt:

- Spinat dünsten bis er leicht zusammenfällt (siehe Seite 10).

2\. Schritt:

- Fett in der Pfanne erhitzen.
- Knoblauch darin glasig dünsten.
- Pinienkerne dazugeben und ganz leicht anrösten (sie sollten nicht dunkel werden).
- Spinat und Mascarpone dazugeben und vermengen.
- Mit Zitronensaft, Salz und Pfeffer abschmecken.

Wirsing mit Meerrettichsahne

1.	400	gr.	Wirsing – grobe Rippen entfernt, Blätter gewaschen und in mundgerechte Stücke geteilt
		―	
2.	1-2	Eßl.	Butter oder Margarine
	1	Eßl.	Meerrettich – frisch gerieben oder 1 1/2 Eßl. aus dem Glas
	50	gr.	Kochwasser vom Gemüsegaren (siehe 1. Schritt)
	100	gr.	Sahne
	1	Eßl.	Reismehl (siehe auch Rohstoffhinweise Seite 234)
	1	Prise	Salz
	1	Eßl.	Schnittlauch – gewaschen und in kleine Röllchen geschnitten

1. Schritt:

- Wirsing dünsten.

2. Schritt:

- Fett in der Pfanne erhitzen.
- Meerrettich, Kochwasser und Sahne einrühren.
- Reismehl mit 1/3 Tasse Wasser glattrühren und ebenfalls in das Sahnegemisch einrühren.
- Einmal aufkochen und danach etwas köcheln lassen, bis eine sämige Sauce entsteht.
- Wirsing mit der Meerrettichsahne vermengen und mit Salz abschmecken.
- Am Schluß den Schnittlauch unterheben.

Mangold mit Senf

1.	200	gr.	Mangold – gewaschen, die groben Rippen entfernt und die Blätter in mundgerechte Stücke geschnitten
2.	1	Eßl.	Reismehl (siehe auch Rohstoffhinweise Seite 234)
	75	gr.	Sahne
	50	gr.	Kochwasser vom Gemüsedünsten
	1	Eßl.	Senf – mittelscharf
	1	Prise	Salz
	2	St.	Tomaten – enthäutet (siehe Seite 95), Stielansatz und Samenkerne entfernt und kleingeschnitten

1. Schritt:
- Mangold dünsten.

2. Schritt:
- Reismehl mit etwas Sahne glatt anrühren.
- Restliche Sahne und Kochwasser erhitzen.
- Glattgerührtes Reismehl in die heiße Sahne einrühren und unter Weiterrühren einmal aufkochen lassen. Danach mit dem Senf verrühren und mit Salz abschmecken.
- Mangold und Tomaten mit der Senfsauce vermengen.
- Eventuell nachwürzen.

Sauerkraut mit rosa Grapefruit

50	gr.	Butter oder Margarine
350	gr.	mildes Sauerkraut
6-8	St.	Wacholderbeeren
	Saft	einer 1/2 rosa Grapefruit
		Filets einer rosa Grapefruit – in kleine Stücke zerteilt
1	Prise	Salz, Rohrohrzucker oder Honig
1	Prise	Pfeffer – gemahlen
1	Eßl.	Minze – gewaschen, von den Stielen befreit und gehackt

- Fett in der Pfanne erhitzen.
- Sauerkraut und Wacholderbeeren darin unter Hin- und Herbewegen erhitzen.
- Mit dem Grapefruitsaft vermengen und im geschlossenen Topf bei reduzierter Hitze ein paar Minuten ziehen lassen.
- Wacholderbeeren herausnehmen, die Grapefruitfilets unterheben und mit Salz, Zucker und Pfeffer abschmecken.
- Am Schluß die Minze unterheben.

Weißkraut mit Mango

2	Eßl.	Sesamöl
300	gr.	Weißkraut – Blätter ausgelöst, gewaschen, Rippen entfernt und in mundgerechte Stücke oder Streifen geschnitten
1	Teel.	Kurkuma (fernöstliches Gewürz aus der Gelbwurzel)
1	Prise	Salz
1/2	St.	Mango (ca. 150 gr.) – geschält, Fruchtfleisch vom flachen Kern geschnitten und in mundgerechte Stücke geteilt
1/2	Teel.	Ingwer – möglichst frisch gerieben
1-2	Teel.	Reiswein (Sake oder Mirin)

- Öl in der Pfanne erhitzen.
- Weißkraut darin leicht anbraten (es sollte nur wenig Farbe bekommen).
- Wasser dazugeben, mit Kurkuma und Salz vermengen und in der geschlossenen Pfanne weich garen.
- Mango und Ingwer untermengen und ein paar Minuten bei reduzierter Hitze ziehen lassen.
- Am Schluß mit Reiswein abschmecken und eventuell mit Salz nachwürzen.

Gebratener Rosenkohl

2	Eßl.	Butter oder Margarine
400	gr.	Rosenkohl – geputzt, die Strünke kreuzweise eingeschnitten und gewaschen
150	gr.	Wasser
2	Eßl.	Sojasauce (Shoyu oder Tamari)
1	Prise	Salz
		Muskatnuß – gerieben, Pfeffer – gemahlen
1	Eßl.	Petersilie – gewaschen, von den Stielen befreit und gehackt

- Fett in der Pfanne erhitzen.
- Rosenkohl dazugeben und anbraten.
- Wasser und Sojasauce einrühren, Rosenkohl mit Salz bestreuen und in der geschlossenen Pfanne gar dünsten.
- Am Schluß mit Muskat und Pfeffer abschmecken und die Petersilie unterheben.

Rosenkohl in Käserahm

300	gr.	Rosenkohl – geputzt und gewaschen
100	gr.	Kochwasser vom Gemüsegaren
100	gr.	Sahne
1	Eßl.	Reismehl (siehe auch Rohstoffhinweise Seite 234)
2	Eßl.	Emmentaler-Käse – fein gerieben
1	Prise	Salz, Muskatnuß – gerieben
1	Eßl.	Schnittlauch – gewaschen und kleingeschnitten

- Rosenkohl dünsten.
- Kochwasser und Sahne vermischen und in separatem Topf erhitzen.
- Reismehl mit 1/3 Tasse Wasser glattrühren, in das Sahnegemisch einrühren und aufkochen lassen.
- Emmentaler in die Sauce einrühren und mit Salz und Muskat kräftig abschmecken.
- Rosenkohl und Käserahm vermengen und den Schnittlauch unterheben.

Linsen mit Apfelcurry

200	gr.	braune Linsen – gewaschen und in 500 gr. Wasser 3 Stunden eingeweicht
2	Eßl.	gekörnte Gemüsebrühe
100	gr.	rote Linsen – gewaschen und in 200 gr. Wasser 1/2 Stunde eingeweicht
3	Eßl.	Butter oder Margarine
1	Teel.	Curry – fernöstliche Gewürzmischung
1	Teel.	Kurkuma – fernöstliches Gewürz aus Gelbwurz
1	Msp.	Nelke – gemahlen
150	gr.	Sahne
150	gr.	säuerlicher Apfel – gewaschen und ohne Kerngehäuse geraspelt
1	Eßl.	Reismehl (siehe auch Rohstoffhinweise Seite 234)
	Saft	einer 1/2 Zitrone
1	Prise	Salz

- Braune Linsen mit Einweichwasser und Gemüsebrühe fast weichgaren.
- Danach die roten Linsen mit Einweichwasser dazugeben und fertiggaren.
- Fett bis zum Aufschäumen erhitzen, Curry, Kurkuma und Nelke einrühren und 1/2 Minute köcheln lassen.
- Sahne und Apfel dazugeben und vermengen.
- Reismehl mit 1/3 Tasse Wasser glatt anrühren, in die Linsen einrühren und einmal aufkochen lassen.
- Mit Zitronensaft und Salz abschmecken.

Mais mit Oreganopesto

1-2	Eßl.	Sesamöl
350	gr.	Gemüsemais – frisch oder tiefgekühlt
100	gr.	Stangensellerie – den Wurzelansatz und die Blatteile entfernt, die Stangen gewaschen und in dünne Scheiben geschnitten
1/2	Eßl.	Oregano – gewaschen, von den Stielen befreit und gehackt
1	Prise	Salz
2-4	Eßl.	Sesamöl
1	Prise	Pfeffer – gemahlen

- Öl in der Pfanne erhitzen.
- Mais und Stangensellerie darin leicht anbraten, etwas Wasser dazugeben und unter reduzierter Hitze weich garen.
- Oregano, Salz und Öl mit der Moulinette bzw. einem Mixstab fein pürieren oder in einem Mörser zerreiben (Pesto herstellen).
- Pesto mit dem Gemüse vermengen.
- Mit Pfeffer und eventuell noch etwas Salz abschmecken.

Kürbis mit Kokosmilch

1.	350	gr.	Kürbis – geschält (geht etwas schwer) und ohne Stielansatz und Kerne in mundgerechte Stücke geschnitten
2.	100	gr.	Kokosmilch (in asiatischen Lebensmittelgeschäften oder -abteilungen erhältlich)
	1	St.	Chili – davon 4-6 Ringchen ohne Samenkerne
	1/2	Eßl.	Koriander – gewaschen, von den Stielen befreit und gehackt
	1	Prise	Salz, Pfeffer – gemahlen

1. Schritt:
- Kürbis über Wasserdampf weichgaren

2. Schritt:
- Kokosmilch im Topf erhitzen.
- Chili und Koriander dazugeben und verrühren.
- Kürbis und Kokosmilch vermengen.
- Mit Salz und Pfeffer abschmecken.

Zuckererbsenschoten mit Karottenscheibchen

1-2	Eßl.	Butter oder Margarine
250	gr.	Zuckererbsenschoten – gewaschen, Stielansatz weggeschnitten und Fäden abgezogen
200	gr.	Wasser
40	gr.	Karotten – geschält, in Scheibchen geschnitten und diese halbiert oder geviertelt
1	Teel.	Reismehl (siehe auch Rohstoffhinweise Seite 234)
1	Prise	Salz, Pfeffer – gemahlen
1	Eßl.	Schnittlauch – gewaschen und kleingeschnitten

- Fett in der Pfanne erhitzen.
- Zuckererbsenschoten darin leicht anbraten.
- Wasser und Karotten dazugeben.
- Gemüse in der geschlossenen Pfanne nach Belieben bißfest oder weich dünsten.
- Gemüse mit Mehl bestäuben, unterrühren und einmal kurz aufkochen lassen.
- Mit Salz und Pfeffer abschmecken.
- Am Schluß den Schnittlauch unterheben.

Paprika mit Rosmarin

2	Eßl.	Olivenöl
1-2	St.	Knoblauchzehen – geschält und gehackt
350	gr.	Paprika – gewaschen, Stielansatz und Samenbereich entfernt und Fruchtfleisch kleingeschnitten
1/2	Eßl.	Sojasauce (Shoyu oder Tamari)
1	Prise	Salz, Pfeffer – gemahlen
1/2	Eßl.	Rosmarin – gewaschen, von den Stielen befreit und gehackt

- Öl in der Pfanne erhitzen und Knoblauch darin glasig dünsten.
- Paprika dazugeben und anbraten.
- Danach die Sojasauce unterrühren und weiterbraten. Dabei nach Bedarf etwas Wasser zugeben.
- Mit Salz und Pfeffer abschmecken.
- Am Schluß den Rosmarin unterheben.

Pflanzerl | **Seite**

Klößchen

buxs®

feine vegetarische
Küche

Pflanzerl
+
Klößchen

SOEHNLE
max. 1000 g

Dinkelgrieß-Grundteig

200	gr.	Milch (ersatzweise 190 gr. Wasser und 20 gr. Butter)
1	Teel.	gekörnte Gemüsebrühe
100	gr.	Dinkelgrieß
1	Eßl.	Butter

Zubereitung:

- Milch und Gemüsebrühe erhitzen.
- Dinkelgrieß rasch einrühren und unter Weiterrühren 4-5 Minuten köcheln lassen.
- Von der Kochstelle nehmen, die Butter untermengen und im geschlossenen Topf ca. 25 Minuten quellen lassen (es entsteht ein relativ fester Teig).

Zucchini-Bratling

Vorbereitung: Dinkelgrieß-Grundteig herstellen (siehe oben). Zusätzlich werden benötigt:

1.	1	Eßl.	Butter
	250	gr.	Zucchini – heiß gewaschen, geputzt, längs-geviertelt und in dünne Scheibchen geschnitten
	50	gr.	roter Paprika – gewaschen, vom Stielansatz und Kerngehäuse befreit und sehr klein gewürfelt
	50	gr.	schwarze Oliven – entsteint und kleingeschnitten
	1	St.	Knoblauchzehe – enthäutet
		—	
2.	25	gr.	Vollkorn-Semmelbrösel
	1	Eßl.	Basilikum – gewaschen, von den Stielen befreit und gehackt
			Salz, Pfeffer
		—	
3. Schritt:			Pflanzenöl bzw. -fett zum Braten

1. Schritt:

- Butter erhitzen.
- Zucchini, Paprika, Oliven und Knoblauchzehe darin anbraten.
- Mit wenig Wasser halbweich dünsten.
- Am Schluß restliche Flüssigkeit im offenen Topf verdampfen lassen.
- Knoblauch herausnehmen und anderweitig verwenden (Suppe, Salat etc.).

2. Schritt:

- Gemüse, Semmelbrösel und Basilikum mit dem vorbereiteten Dinkelgrieß-teig vermischen.
- Mit Salz und Pfeffer abschmecken.

3. Schritt:

- Kleine Bratlinge formen und in heißem Fett knusprig ausbraten.

Tomaten enthäuten

- Stielansätze kegelförmig herausschneiden und gegenüber kreuzförmig einritzen.
- Wasser zum Kochen bringen und Tomaten 5-10 Sekunden hineinlegen.
- Wieder herausnehmen und unter fließend-kaltem Wasser abschrecken.
- Danach die Haut abziehen.

Auberginen-Bratling

Vorbereitung: Dinkelgrieß-Grundteig herstellen (siehe Seite 93). Zusätzlich werden benötigt:

1.	2	Eßl	Olivenöl
	250	gr.	Auberginen – gewaschen, in „Zebra-Streifen" geschält, längs geviertelt oder längs geachtelt und in dünne Scheibchen geschnitten.
	1	St.	Knoblauchzehe – geschält
	1	Teel.	Sojasauce (Shoyu oder Tamari)
	150	gr.	Tomaten – enthäutet (siehe oben), halbiert, von den Samenkernen befreit und gewürfelt
		—	
2.	25	gr.	Vollkorn-Semmelbrösel
	2	Eßl.	Basilikum – gewaschen, von den Stielen befreit und gehackt
			Salz, Pfeffer
		—	
3.			Pflanzenöl bzw. -fett zum Braten

1. Schritt:
- Öl erhitzen.
  Auberginen und Knoblauchzehe darin anbraten, bis die Auberginen gräulich werden.
- Tomatenwürfel und Sojasauce dazugeben und ohne Deckel weichdünsten.
- Am Schluß restliche Flüssigkeit im offenen Topf verdampfen lassen.
- Knoblauchzehe herausnehmen und anderweitig verwenden (Suppe, Salat etc.)

2. Schritt:
- Gemüse, Semmelbrösel und Basilikum mit dem vorbereiteten Dinkelgrießteig vermischen.
- Mit Salz und Pfeffer abschmecken.

3. Schritt:
- Kleine Bratlinge formen und in heißem Fett knusprig ausbraten.

Hirse-Grundteig

1.	200	gr.	Wasser
	1	Teel.	gekörnte Gemüsebrühe
	100	gr.	Hirse – heiß gewaschen
		—	
2.	1	St.	Ei (Hkl. II) oder 50 gr. Sojamehl
	50	gr.	Mascarpone (italienisches Rahmprodukt)

1. Schritt:
- Wasser und Gemüsebrühe erhitzen.
- Hirse in die heiße Flüssigkeit einrühren.
- Einmal aufkochen lassen und unter geringster Hitzeeinwirkung im geschlossenen Topf ca. 20 Minuten nachquellen lassen.
- Danach etwas abkühlen lassen.

2. Schritt:
- Hirsebrei mit Ei (oder Sojamehl) und Mascarpone vermengen.

Hirse-Küchlein mit Emmentaler

Vorbereitung: Hirsegrundteig herstellen (siehe oben). Zusätzlich werden benötigt:

1.	30	gr.	Emmentaler (Schweizer Hartkäse) – gerieben
			Salz
		—	
2.			Pflanzenöl bzw. -fett zum Braten

Zubereitung:
- Emmentaler mit dem vorbereiteten Hirseteig vermischen.
- Mit Salz abschmecken.
- Aus der Teigmasse kleine Küchlein formen.
- In heißem Fett bei mittlerer Hitze ausbraten.

Blumenkohl-Küchlein

Vorbereitung: Hirse-Grundteig herstellen (siehe Seite 97). Zusätzlich werden benötigt:

1	Eßl.	Margarine
200	gr.	Blumenkohlröschen – gewaschen und fein geraspelt oder geschnitten
25	gr.	Walnüsse – fein gehackt
30	gr.	Emmentaler (Schweizer Hartkäse) – gerieben
20	gr.	Vollkorn-Semmelbrösel
3	Eßl.	Petersilie – gewaschen, von den Stielen befreit und gehackt
		Salz, Muskatnuß – gerieben
		Pflanzenöl bzw. fett zum Braten

- Margarine erhitzen, Blumenkohl darin anbraten und mit wenig Wasser halbweich dünsten.
- Abgetropftes Gemüse und die restlichen Zutaten mit dem vorbereiteten Hirseteig vermischen.
- Mit Salz und Muskatnuß abschmecken.
- Kleine Küchlein formen und in heißem Fett knusprig ausbraten.

Wirsing-Küchlein

Vorbereitung: Hirse-Grundteig herstellen (siehe Seite 97). Zusätzlich werden benötigt:

1	Eßl.	Margarine
250	gr.	Wirsingblätter – gewaschen und fein gehackt
50	gr.	roter Paprika – gewaschen und ohne Stielansatz und Kerngehäuse fein gewürfelt
1	Teel.	Sojasauce (Shoyu oder Tamari)
30	gr.	Vollkorn-Semmelbrösel
		Salz
		Pflanzenöl bzw. -fett zum Braten

- Margarine erhitzen und Wirsing und Paprika darin anbraten.
- Mit Sojasauce und wenig Wasser weichdünsten.
- Abgetropftes Gemüse und Semmelbrösel mit dem vorbereiteten Hirseteig vermischen.
- Mit Salz abschmecken.
- Kleine Küchlein formen und in heißem Fett knusprig ausbraten.

Schwarzwurzel-Küchlein

Vorbereitung: Hirse-Grundteig herstellen (siehe Seite 97). Zusätzlich werden benötigt:

200	gr.	Schwarzwurzeln – unter fließendem Wasser geschält und sofort in Essigwasser gelegt
60	gr.	Karotten – geschält. Dicke Karotten längs halbiert oder -geviertelt
1	Eßl.	Margarine
1	St.	Ei (Hkl. II)
30	gr.	Vollkorn-Semmelbrösel
2	Eßl.	Schnittlauch – gewaschen und fein geschnitten
		Salz
		Pfanzenöl bzw. -fett zum Braten

- Schwarzwurzeln und Karotten in dünne Scheibchen schneiden, in der Margarine anbraten und mit wenig Wasser halbweich dünsten.
- Abgetropftes Gemüse und die restlichen Zutaten mit dem vorbereiteten Hirseteig vermischen.
- Mit Salz abschmecken.
- Kleine Küchlein formen und in heißem Fett knusprig ausbraten.

Kartoffel-Grundteig

400	gr.	mehligkochende Kartoffeln – geschält und gewürfelt
		Wasser
		Salz
1	Teel.	Butter – bis zum Flüssigwerden erwärmt
40	gr.	Sahne – erhitzt

Zubereitung:
- Kartoffeln in leicht gesalzenem Wasser in ca. 20 Minuten weichkochen.
- Abgießen bzw. abtropfen lassen.
- Die noch warmen Kartoffeln durch eine Kartoffelpresse drücken oder mit dem Kartoffelstampfer drehend zerdrücken.
- Flüssige Butter in die Kartoffeln mischen.
- Mit der erhitzten Sahne zu einem lockeren Brei verarbeiten.

Salbei-Pflanzerl

Vorbereitung: Kartoffel-Grundteig herstellen (siehe oben).
Zusätzlich werden benötigt:

1.	3	Eßl.	Olivenöl
	2	Eßl.	Salbei – von den Stielen befreit und kleingeschnitten
	50	gr.	Kürbiskerne – grob gehackt
			Salz
		—	
2.			Pflanzenöl bzw. -fett zum Braten

1. Schritt:
- Olivenöl erhitzen.
- Salbei und Kürbiskerne darin anbraten bzw. leicht rösten.
- Mit dem vorbereiteten Kartoffelteig vermengen.
- Mit Salz abschmecken.

2. Schritt:
- Aus der Teigmasse kleine Pflanzerl formen.
- In heißem Fett bei mittlerer Hitze knusprig ausbraten.

Austernpilz-Pflanzerl

Vorbereitung: Kartoffel-Grundteig herstellen (siehe Seite 101). Zusätzlich werden benötigt:

1.	3	Eßl.	Olivenöl
	350	gr.	Austernpilze – in 1/2 cm-breite Streifen geschnitten
	30	gr.	Zwiebeln – geschält und gehackt oder klein geschnitten
	1	St.	Knoblauchzehe – durch die Knoblauchpresse gedrückt oder gehackt
	2	Eßl.	Sojasauce (Shoyu oder Tamari)
	2	Eßl.	Basilikum – gewaschen, von den Stielen befreit und gehackt
			Salz und Pfeffer
		—	
2.			Pflanzenöl bzw. -fett zum Braten

1. Schritt:
- Olivenöl erhitzen und Pilze darin scharf anbraten.
- Zwiebeln, Knoblauch und Sojasauce dazugeben und alles weichdünsten.
- Gemüse und Basilikum mit dem vorbereiteten Kartoffelteig vermengen.
- Mit Salz und Pfeffer abschmecken.

2. Schritt:
- Kleine Pflanzerl formen und in heißem Fett knusprig ausbraten.

Meerrettich-Karotten-Pflanzerl

Vorbereitung: Kartoffel-Grundteig herstellen (siehe Seite 101). Zusätzlich werden benötigt:

1.	50	gr.	Sahne
	150	gr.	Karotten – geschält und kleingewürfelt
	30	gr.	Meerrettich – geschält und gerieben (ersatzweise 40 gr. Meerrettich aus dem Glas)
	2	Eßl.	Petersilie – gewaschen, von den Stielen befreit und gehackt
			Salz
		—	
2.			Pflanzenöl bzw. -fett zum Braten

Zubereitung:
- Sahne erhitzen und Karotten darin halbweich dünsten.
- Meerrettich dazugeben und weitere 2-3 Minuten köcheln lassen.
- Gemüse und Petersilie mit dem vorbereiteten Kartoffelteig vermengen.
- Mit Salz abschmecken.

2. Schritt:
- Kleine Pflanzen formen und in heißem Fett knusprig ausbraten.

Grüne Bohnen-Pflanzerl

Vorbereitung: Kartoffel-Grundteig herstellen (siehe Seite 101).
Zusätzlich werden benötigt:

1.	30	gr.	Butter
	2	St.	Knoblauchzehen – enthäutet und fein gehackt
	250	gr.	grüne Bohnen – gewaschen, Stielansätze entfernt, Fäden abgezogen und in 1/2 cm-breite Stücke geschnitten
	1	Teel.	Bohnenkraut
	10-20	gr.	Vollkorn-Semmelbrösel
			Salz, Pfeffer
		—	
2.			Pflanzenöl bzw. -fett zum Braten

1. Schritt:
- Butter erhitzen und Knoblauch darin anbraten.
- Die Bohnen untermengen und mit wenig Wasser halbweich dünsten. Am Schluß mit dem Bohnenkraut mischen und das Wasser im offenen Topf verdunsten lassen.
- Gemüse und Semmelbrösel mit dem vorbereiteten Kartoffelteig vermengen.
- Mit Salz und Pfeffer abschmecken.

2. Schritt:
- Kleine Pflanzerl formen und in heißem Fett knusprig ausbraten.

Kraut-Pflanzerl

Vorbereitung: Kartoffel-Grundteig herstellen (siehe Seite 101).
Zusätzlich werden benötigt:

1.	1	Eßl.	Margarine
	30	gr.	Zwiebeln – geschält und kleingeschnitten
	350	gr.	Weißkraut – die äußeren Blätter entfernt und der Rest kleingeschnitten
	2	Eßl.	Dill – gewaschen, von den Stielen befreit und gehackt
	1/2	Teel.	Kümmel – frisch zerstoßen oder gemahlen
			Salz, Pfeffer
		—	
2.			Pflanzenöl bzw. -fett zum Braten

1. Schritt:
- Margarine erhitzen und Zwiebeln darin andünsten.
- Weißkraut dazugeben und mit wenig Wasser halbweich dünsten. Am Schluß restliches Wasser im offenen Topf verdunsten lassen.
- Gemüse, Dill und Kümmel mit dem vorbereiteten Kartoffelteig vermengen.
- Mit Salz und Pfeffer abschmecken.

2. Schritt:
- Kleine Pflanzerl formen und in heißem Fett knusprig ausbraten.

Kerbel-Rösti

1.	400	gr.	Kartoffeln – geschält und geraspelt Salz
		—	
2.	30	gr.	Kerbel – gewaschen, von den Stielen befreit und gehackt Pflanzenöl bzw. -fett zum Braten

1. Schritt:
- Kartoffeln mit etwas Salz vermischen und ca. 20 Minuten ziehen lassen.

2. Schritt:
- Kartoffeln mit dem Kerbel vermengen.
- Kleine Rösti formen.
- In heißem Fett bei mittlerer Hitze 10-15 Minuten ausbraten – dabei die letzten 3 Minuten mit geschlossenem Deckel.

Alternative: statt dem Kerbel können Sie auch **Kresse** nehmen.

Lauch-Rösti

1.	250	gr.	Kartoffeln – geschält und geraspelt Salz
		—	
2.	200	gr.	Lauch – geputzt, gewaschen und in feine Ringe geschnitten Muskatnuß – gerieben Pflanzenöl bzw. -fett zum Braten

1. Schritt:
- Kartoffeln mit etwas Salz vermischen und ca. 20 Minuten ziehen lassen.

2. Schritt:
- Kartoffeln mit Lauch vermengen.
- Mit Muskat abschmecken.
- Kleine Rösti formen.
- In heißem Fett bei mittlerer Hitze 10–15 Minuten ausbraten – dabei die letzten 3 Minuten mit geschlossenem Deckel.

Kürbis Rösti

1.	300	gr.	Kartoffeln – geschält und geraspelt
			Salz
		—	
2.	100	gr.	Kürbis – geschält, Kernbereich entfernt und geraspelt
	2	Eßl.	Koriander – gewaschen, von Stielen befreit und gehackt
			Pflanzenöl bzw. -fett zum Braten

1. Schritt:
- Kartoffeln mit etwas Salz vermischen und ca. 20 Minuten ziehen lassen.

2. Schritt:
- Kartoffeln mit Kürbis und Koriander vermengen.
- Kleine Rösti formen.
- In heißem Fett bei mittlerer Hitze 10–15 Minuten ausbraten – dabei die letzten 3 Minuten mit geschlossenem Deckel.

Pastinaken-Rösti

1.	300	gr.	Kartoffeln – geschält und geraspelt
			Salz
		—	
2.	100	gr.	Pastinaken – geschält und geraspelt
	2	Eßl.	Dill – gewaschen, von Stielen befreit und gehackt
			Pflanzenöl bzw. -fett zum Braten

1. Schritt:
- Kartoffeln mit etwas Salz vermischen und ca. 20 Minuten ziehen lassen.

2. Schritt:
- Kartoffeln mit Pastinaken und Dill vermengen.
- Kleine Rösti formen.
- In heißem Fett bei mittlerer Hitze 10–15 Minuten ausbraten – dabei die letzten 3 Minuten mit geschlossenem Deckel.

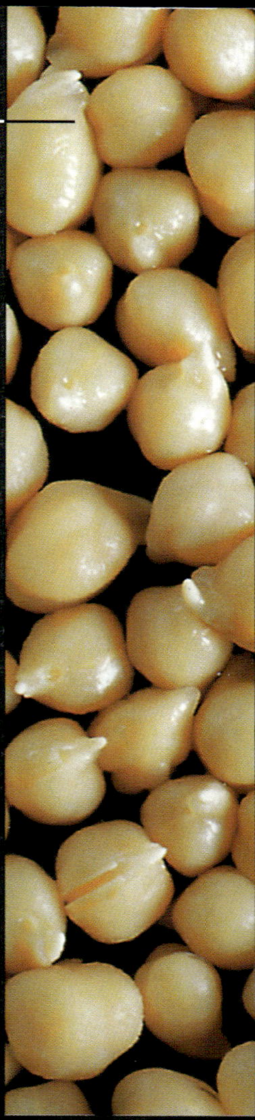

Kichererbsen-Grundteig

1.	1	Eßl.	gekörnte Brühe
	200	gr.	Wasser
	100	gr.	Kichererbsen – heiß gewaschen
		—	
2.	200	gr.	Wasser
	1/2	Teel.	gekörnte Brühe
	50	gr.	Mascarpone (italienisches Rahmprodukt)
			Salz

1. Schritt:
- Gemüsebrühe im Wasser auflösen.
- Kichererbsen darin 12-15 Stunden einweichen und ankeimen lassen.

2. Schritt:
- Danach abspülen und mit neu angesetzter Gemüsebrühe in 30-40 Minuten weichkochen (Dampfdrucktopf ca. 20 Minuten).
- Abgießen, durch den Fleischwolf drehen oder mit der Reibe einer Küchenmaschine breiähnlich zerkleinern.
- Mit Mascarpone vermengen und mit Salz abschmecken.

Rosenkohl-Taler

Vorbereitung: Kichererbsen-Grundteig herstellen (siehe oben). Zusätzlich werden benötigt:

200	gr.	Rosenkohl – geputzt, halbiert und in dünne Scheibchen geschnitten
1	Teel.	Margarine
1-2	Eßl.	Vollkorn-Semmelbrösel
1	Eßl.	Parmesan (italienischer Hartkäse) – gerieben
1	Eßl.	Petersilie – gewaschen, von den Stielen befreit und kleingeschnitten
		Salz, Muskatnuß – gerieben
		Pflanzenöl bzw. -fett zum Braten

Zubereitung
- Rosenkohl in Margarine und wenig Wasser halbweich dünsten.
- Am Schluß die Flüssigkeit im offenen Topf verdunsten lassen.
- Rosenkohl, Semmelbrösel (je nach Feuchtigkeit des Teiges), Parmesan und Petersilie mit dem vorbereiteten Kichererbsenteig vermischen.
- Mit Salz und Muskat abschmecken.
- Aus der Teigmasse Taler formen.
- In heißem Fett bei mittlerer Hitze langsam ausbraten.

Majoran-Tomaten-Taler

Vorbereitung: Kichererbsen-Grundteig herstellen (siehe Seite 111).
Zusätzlich werden benötigt:

1	Eßl.	Butter
350	gr.	Tomaten – enthäutet (siehe Seite 95), halbiert, von den Samenkernen befreit und gewürfelt
1	Eßl.	Majoran – gewaschen, von Stielen befreit und gehackt
2	Tropf.	Essig
1-2	Eßl.	Vollkorn-Semmelbrösel
		Salz
		Pflanzenöl bzw. -fett zum Braten

Zubereitung:
- Butter bis zum Aufschäumen erhitzen.
- Tomaten, Majoran und Essig dazugeben und ganz kurz erhitzen.
- Gemüse und Semmelbrösel mit dem vorbereiteten Kichererbsenteig vermischen.
- Kleine Taler formen und in heißem Fett langsam ausbraten.

Lauchzwiebel-Taler

Vorbereitung: Kichererbsen-Grundteig herstellen (siehe Seite 111).
Zusätzlich werden benötigt:

1	Eßl.	Butter
200	gr.	Lauchzwiebeln – geputzt und in dünne Ringchen geschnitten
1	Eßl.	Dill – von den Stielen befreit und gehackt
1-2	Eßl.	Vollkorn-Semmelbrösel
		Salz, Muskatnuß – gerieben
		Pflanzenöl bzw. -fett zum Braten

Zubereitung:
- Butter erhitzen und Lauchzwiebeln darin weichdünsten.
- Zwiebeln, Dill und Semmelbrösel mit dem vorbereiteten Kichererbsenteig vermischen.
- Mit Salz und Muskat abschmecken.
- Kleine Taler formen und in heißem Fett langsam ausbraten.

Zutaten:

1.	250	gr.	Tofu (Sojaquark)
	1	St.	Ei Hkl. II
	20	gr.	VollkornSemmel brösel
			—
2.	250	gr.	Paprika (möglichst bunt) – halbiert, Stielansatz und Samenbereich entfernt
			—
3.	30	gr.	Butter
	1	Eßl.	Basilikumblättchen – gewaschen und kleingezupft
			Salz, Pfeffer
			—
4.			Pflanzenöl bzw. fett zum Braten

Paprika-Pflanzerl

Zubereitung:

1. Schritt:
- Tofu durch ein Sieb streichen (Abb. siehe Seite 132).
- Mit Ei und Semmelbrösel vermengen.

2. Schritt:
- Paprikahälften kurz in kochendes Wasser tauchen.
- Schalenseiten unter kaltem Wasser abschrecken.
- Danach die Haut abziehen.
- Paprika trockentupfen und klein würfeln.

—

3. Schritt:
- Butter bis zum Schäumen erhitzen.
- Paprikawürfelchen hineingeben und anbraten.
- Tofuteig, Paprika und Basilikum miteinander vermengen.
- Mit Salz und Pfeffer abschmecken.

—

4. Schritt:
- Aus der Teigmasse kleine Pflanzerl formen.
- In heißem Fett bei mittlerer Hitze knusprig ausbraten.

Dinkelgrießnocken -Grundteig-

1.	75	gr.	Butter – Zimmertemperatur
	2	St.	Eier Hkl. II
	150	gr.	Dinkelgrieß
			Salz
		—	
2.			Wasser – leicht gesalzen

1. Schritt:
- Butter mit einem Schneebesen (Handmixer) luftig aufschlagen.
- Eier unterquirlen.
- Dinkelgrieß nach und nach einrühren.
- Mit Salz abschmecken.
- Den Teig ca. 5 Minuten quellen lassen.

2. Schritt:
- Mit nassen Händen Nocken formen und im siedenden Wasser 10-15 Minuten ziehen lassen.

Beilagen-Vorschlag: Auberginenpfanne

Rote Beten-Nocken

Vorbereitung: Dinkelgrieß-Grundteig herstellen (siehe Seite 93).
Zusätzlich werden benötigt:

1.	100	gr.	Rote Beten – geschält und fein gewürfelt (Handschuhe benutzen)
	1	Teel.	Margarine
	1/2	Teel.	gekörnte Gemüsebrühe
	1	Eßl.	Dill – gewaschen, von den Stielen befreit und gehackt
			Salz
		—	
2.			Wasser – leicht gesalzen

1. Schritt:
- Rote Beten mit Margarine, wenig Wasser und der Brühe weichdünsten.
- Am Schluß die Flüssigkeit im offenen Topf verdampfen lassen.
- Mit dem Dill vermischen.
- Gemüse mit dem vorbereiteten Dinkelgrießteig vermischen.
- Mit Salz abschmecken.

2. Schritt:
- Mit nassen Händen Nocken formen und im siedenden Wasser 10-15 Minuten ziehen lassen.

Beilagen-Vorschlag: Wirsing mit Meerrettichsahne

Auberginen-Nocken

Vorbereitung:			Dinkelgrieß-Grundteig herstellen (siehe Seite 93). Zusätzlich werden benötigt:
1.	150	gr.	Auberginen – gewaschen, in „Zebrastreifen" geschält und fein gewürfelt
	1	Eßl.	Sojasauce (Shoyu oder Tamari)
	2	Eßl.	Olivenöl
	1	Teel.	Basilikumblättchen – gewaschen und kleingezupft
			Salz
		—	
2.			Wasser – leicht gesalzen

1. Schritt:
- Auberginen mit der Sojasauce vermischen.
- In Öl anbraten.
- Mit dem Basilikum vermengen.
- Gemüse mit dem vorbereiteten Dinkelgrießteig vermischen.
- Mit Salz abschmecken.

2. Schritt:
- Mit nassen Händen Nocken formen und im siedenden Wasser 10-15 Minuten ziehen lassen.

Beilagen-Vorschlag: Fenchel mit Parmesan

Oliven-Nocken

Vorbereitung:			Dinkelgrieß-Grundteig herstellen (siehe oben). Zusätzlich werden benötigt:	
1.	50	gr.	schwarze Oliven	entsteint, längs halbiert und
	50	gr.	grüne Oliven	in feine Streifen geschnitten
	1	Teel.	Oregano – gewaschen, von den Stielen befreit und fein gehackt	
			Pfeffer	
		—		
2.			Wasser – leicht gesalzen	

1. Schritt:
- Oliven und Oregano mit dem vorbereiteten Dinkelgrießteig vermengen.
- Mit Pfeffer abschmecken.

2. Schritt:
- Mit nassen Händen Nocken formen und im siedenden Wasser 10-15 Minuten ziehen lassen.

Beilagen-Vorschlag: Ratatouille

Kartoffelklößchen -Grundteig-

1.	300	gr.	halbweich kochende Kartoffeln – gewaschen
	50	gr.	Dinkel feinstgemahlen
	1	St.	Ei Hkl. II
	1	Prise	Muskatnuß – gerieben
			Salz, Pfeffer
		—	
2.			Wasser – leicht gesalzen

1. Schritt:
- Kartoffeln in der Schale weichkochen.
- Im noch warmen Zustand schälen bzw. pellen.
- Danach durch eine Kartoffelpresse drücken oder mit dem Kartoffelstampfer drehend zerdrücken (Abb. siehe Seite 100).
- Dinkel, Ei und Muskat dazugeben und zu einem Teig verarbeiten.
- Mit Salz und Pfeffer abschmecken.

2. Schritt:
- Mit nassen Händen Klößchen formen und im siedenden Wasser ziehen lassen, bis sie „hochkommen“ und an der Oberfläche schwimmen.

Beilagen-Vorschlag: Mangold mit Senfsauce

Meerrettich-Klößchen

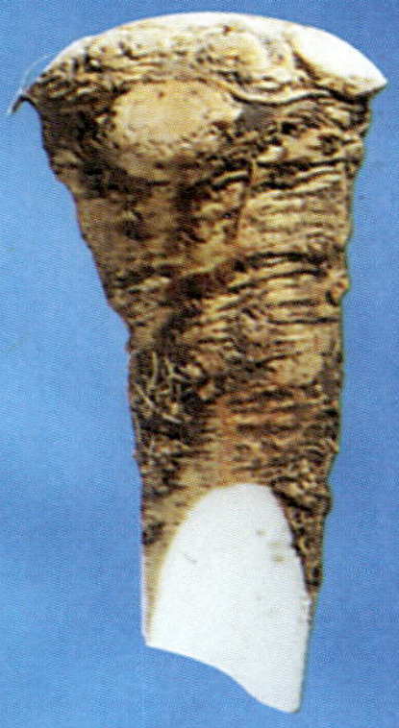

Vorbereitung: Kartoffel-Grundteig herstellen (siehe Seite 121).
Zusätzlich werden benötigt:

1.	10	gr.	Meerrettich – geschält und gerieben (ersatzweise 15 gr. Meerrettich aus dem Glas)
			Salz
		—	
2.			Wasser – leicht gesalzen

1. Schritt:
- Meerrettich mit dem vorbereiteten Kartoffelteig vermengen.
- Mit Salz abschmecken.

2. Schritt:
- Mit nassen Händen Klößchen formen und im siedenden Wasser ziehen lassen, bis sie „hochkommen" und an der Oberfläche schwimmen.

Beilagen-Vorschlag: Wirsing-Gemüse

Petersilienwurzel-Klößchen

Vorbereitung: Kartoffel-Grundteig herstellen (siehe Seite 121).
Zusätzlich werden benötigt:

1.	100	gr.	Petersilienwurzeln – geschält und geraspelt
	1/2	Eßl.	Butter
	1	Eßl.	Petersilie – gewaschen, von den Stielen befreit und gehackt
			Salz
		—	
2.			Wasser – leicht gesalzen

1. Schritt:
- Petersilienwurzeln in Butter anbraten und mit wenig Wasser weichdünsten.
- Am Schluß restliche Flüssigkeit im offenen Topf verdampfen lassen.
- Gemüse und Petersilie mit dem vorbereiteten Kartoffelteig vermengen.
- Mit Salz abschmecken.

2. Schritt:
- Mit nassen Händen Klößchen formen und im siedenden Wasser ziehen lassen, bis sie „hochkommen" und an der Oberfläche schwimmen.

Beilagen-Vorschlag: Karotten-Curry-Gemüse mit Kokosmilch

Champignon-Klößchen

Vorbereitung: Kartoffel – Grundteig herstellen (siehe Seite 121). Zusätzlich werden benötigt:

1.	100	gr.	Champignons – geputzt und kleingewürfelt
	1	St.	Lauchzwiebel (oder Schalotte) – geputzt und kleingewürfelt
	1	Eßl.	Sojasauce (Shoyu oder Tamari)
	2	Eßl.	Olivenöl
	1	Teel.	Thymian – gewaschen, von den Stielen befreit und fein gehackt
			Salz
		—	
2.			Wasser – leicht gesalzen

1. Schritt:
- Champignons und Lauchzwiebeln mit der Sojasauce vermengen.
- In Olivenöl anbraten und weichdünsten. Am Schluß eventuelle Flüssigkeit im offenen Topf verdampfen lassen.
- Gemüse und Thymian mit dem vorbereiteten Kartoffelteig vermengen.
- Mit Salz abschmecken.

2. Schritt:
- Mit nassen Händen Klößchen formen und im siedenden Wasser ziehen lassen, bis sie „hochkommen“ und an der Oberfläche schwimmen.

Beilagen-Vorschlag: Rahmspinat

Blattspinat-Klößchen

Vorbereitung: Kartoffel - Grundteig herstellen (siehe Seite 121). Zusätzlich werden benötigt:

1.	1	St.	Schalotte – geputzt und kleingewürfelt
	1/2	St.	Knoblauchzehe – feinst gehackt
	1/2	Eßl.	Butter
	200	gr.	Blattspinat – geputzt und gewaschen
			Salz
		—	
2.			Wasser – leicht gesalzen

1. Schritt:
- Schalotten mit dem Knoblauch in der Butter glasig dünsten.
- Spinat dazugeben und dämpfen, bis er zusammenfällt.
- Gut abtropfen lassen und fein hacken.
- Gemüse mit dem vorbereiteten Kartoffelteig vermengen.
- Mit Salz abschmecken.

2. Schritt:
- Mit nassen Händen Klößchen formen und im siedenden Wasser ziehen lassen, bis sie „hochkommen“ und an der Oberfläche schwimmen.

Beilagen-Vorschlag: Kohlrabi mit Estragonsauce

Quark-Ricotta -Grundteig-

1.	150	gr.	Magerquark
	100	gr.	Ricotta (italienischer Frischkäse)
		—	
2.	30	gr.	Butter – Zimmertemperatur
	2	St.	Eigelb Hkl. II
	100	gr.	Dinkel – feinst gemahlen
	2	Eßl.	Vollkorn-Semmelbrösel
			Salz, Pfeffer
		—	
3.	2	St.	Eiweiß (Eiklar)
		—	
4.			Wasser – leicht gesalzen

1. Schritt:
- Quark durch ein Sieb abtropfen lassen.
- Mit dem Ricotta vermengen.

2. Schritt:
- Butter und Eigelb mit dem Schneebesen (Handmixer) schaumig aufschlagen.
- Quark/Ricotta, Mehl und Semmelbrösel daruntermischen.
- Mit Salz und Pfeffer abschmecken.

3. Schritt:
- Eiweiß mit dem Schneebesen (Handmixer) steif schlagen.
- Unter den Quark-Ricotta-Teig heben.

4. Schritt:
- Mit nassen Händen Klößchen formen und im siedenden Wasser 15-20 Minuten ziehen lassen.

Beilagen-Vorschlag: buntes Zwiebelgemüse

Karotten-Klößchen

Vorbereitung:			Quark-Ricotta-Grundteig herstellen (siehe Seite 127). Zusätzlich werden benötigt:
1.	150	gr.	Karotten – fein geraspelt Salz
		—	
2.			Wasser – leicht gesalzen

1. Schritt:
- Geraspelte Karotten fest ausdrücken, wenn sie sehr saftig sind.
- Danach Karotten mit dem vorbereiteten Quark-Ricotta-Teig vermengen.
- Eventuell nachwürzen.

2. Schritt:
- Mit nassen Händen Klößchen formen und im siedenden Wasser 15-20 Minuten ziehen lassen.

Beilagen-Vorschlag: Pastinaken-Erbsen-Gemüse

Basilikum-Tomaten-Klößchen

Vorbereitung:			Quark-Ricotta-Grundteig herstellen (siehe Seite 127). Zusätzlich werden benötigt:
1.	120	gr.	feste Tomaten – enthäutet (siehe Seite 95), von den Samenkernen befreit und fein gewürfelt
	20	gr.	Basilikumblättchen – gewaschen und kleingezupft
			Salz
		—	
2.			Wasser – leicht gesalzen

1. Schritt:
- Tomaten und Basilikum mit dem vorbereiteten Quark-Ricotta-Teig vermengen.
- Eventuell nachwürzen.

2. Schritt:
- Mit nassen Händen Klößchen formen und im siedenden Wasser 15-20 Minuten ziehen lassen.

Beilagen-Vorschlag: Bohnenpfanne

Semmelknödel

1.	250	gr.	Milch
	1	Teel.	gekörnte Gemüsebrühe
	250	gr.	altbackenes Vollkornbrot oder -Semmeln (-Brötchen) – in dünne Scheiben geschnitten
		—	
2.	50	gr.	Butter
	60	gr.	Zwiebeln – geschält und kleingeschnitten
	1-2	St.	Eier Hkl. II
	2	Eßl.	Petersilie – gewaschen, von den Stielen befreit und gehackt
			Salz, gekörnte Gemüsebrühe
		—	
3.			Wasser – leicht gesalzen

1. Schritt:
- Milch etwas erwärmen.
- Gemüsebrühe darin auflösen.
- Über die Brot- bzw. Brötchenscheiben gießen.
- Ca. 30 Minuten ziehen lassen.

2. Schritt:
- Butter erhitzen.
- Zwiebeln darin goldgelb anbraten.
- Eingeweichte Brot- bzw. Semmelscheiben mit den Zwiebeln, Eiern und der Petersilie vermengen.
- Mit Salz und etwas Gemüsebrühe abschmecken.

3. Schritt:
- Wasser im Topf zum Kochen bringen.
- Danach die Hitze soweit reduzieren, daß es nur noch siedet.
- Aus der Teigmasse kleine Knödel formen und in siedendem Wasser ca. 20 Minuten ziehen lassen.

Beilagen-Vorschlag: Pilzragout

Tofu-Klößchen

1.	300	gr.	Tofu
	2	St.	Eier Hkl. II
	50	gr.	Sojamehl (vollfett)
		—	
2.	1	Teel.	Margarine
	20	gr.	Zwiebeln – feinst gewürfelt
	1	Eßl.	Sojasauce (Shoju oder Tamari)
	40	gr.	Walnüsse (Walnußbruch)
	20	gr.	Parmesan (italienischer Hartkäse) – gerieben
	15	gr.	Kerbel oder Petersilie – gewaschen, von den Stielen befreit und kleingeschnitten
			Salz, Pfeffer
		—	
3.			Wasser – leicht gesalzen

1. Schritt:
- Tofu durch ein Sieb streichen.
- Mit Eiern und Sojamehl zu einem lockeren Teig verarbeiten.

2. Schritt:
- Margarine erhitzen.
- Zwiebeln mit der Sojasauce vermengen und in der Margarine anbraten.
- Zwiebeln, Nüsse, Parmesan und Kräuter unter den Tofuteig mischen.
- Mit Salz und Pfeffer abschmecken.

3. Schritt:
- Mit nassen Händen Klößchen formen und im siedenden Wasser 15-20 Minuten ziehen lassen.

Beilagen-Vorschlag: Kapern-Reis

Pfannengerichte	Seite

buxs®

feine vegetarische Küche

Pfannen-Gerichte

„Festkochende Sorten“

••• behalten während des Garvorganges ihre Struktur und eignen sich daher bevorzugt für Salate, Bratkartoffeln und Gratins.

Sortenbeispiele: Sieglinde, Linda, Nicola und Spunta.

„Vorwiegend festkochende Sorten“

••• sind von leicht mehliger Konsistenz, aber trotzdem noch einigermaßen fest. Sie finden ihren Einsatz z.B. als Salzkartoffeln mit Sauce oder Pellkartoffel mit Butter und Salz.

Sortenbeispiele: Christa und Desirée.

„Mehligkochende Kartoffeln“

••• haben den höchsten Stärkeanteil und offenbaren über den Garvorgang –nomen est omen– eine mehlig-lockere Struktur.
Sie eignen sich vor allem für Kartoffelpürée, -klöße und -suppen.

Sortenbeispiele: Aula und Bintje.

Eine Selbsterfahrung:

Aus ernährungsphysiologischer Sicht wirken Kartoffeln ausgesprochen „basisch“, also gegenteilig von „sauer-machend“.
In diesem Sinne haben sie eine ausgleichende Wirkung auf den oft überaktiven, westlichen Menschen – gewissermaßen bremsend in Richtung Trägheit.

Darüberhinaus ist die Kartoffel ein delikates und gesundes Lebensmittel, das wohltuend sättigt.

Wir empfehlen, besonders bei Kartoffeln, Waren aus kontrolliert biologischem Anbau. Gerade hier macht sich ein lebendig-gesunder Boden vor allem geschmacklich positiv bemerkbar.

Bratkartoffeln - Grundrezept -

500	gr.	Kartoffeln (festkochend)
30	gr.	Butter oder Margarine
1	Prise	Salz

- Einen Topf 1/3 mit Wasser füllen und zum Kochen bringen.
- Kartoffeln darin im geschlossenen Topf in 20 - 40 Minuten weichgaren.
- Im erkalteten Zustand pellen und in Scheiben schneiden.

Tip: wenn möglich sollten die Kartoffeln einige Stunden vorher gekocht werden – eventuell am Vortag.

- Fett in einer Pfanne erhitzen.
- Kartoffelscheiben hineingeben und bei mittlerer Hitze über 20 - 25 Minuten goldgelb braten. Dabei ab und zu wenden.
- Am Schluß mit Salz abschmecken.

Kartoffelpfanne mit grünen Bohnen und Rosmarin

1.	1	Port.	Bratkartoffeln (siehe Seite 138)
2.	2	Eßl.	Butter oder Margarine
	2	St.	Schalotten – geschält und kleingeschnitten
	1	St.	Knoblauchzehe – geschält und gehackt
	350	gr.	grüne Bohnen – geputzt, gewaschen, Fäden abgezogen und in angenehme Stücke geteilt
	1/2	Eßl.	Rosmarin – gewaschen, von den Stielen befreit und gehackt
	1	Teel.	Reismehl (siehe Rohstoffhinweise S. 234)
	1	Prise	Salz, Pfeffer – gemahlen, Muskatnuß – gerieben

1. Schritt:
- Bratkartoffeln nach Grundrezept auf Seite 138 zubereiten.

2. Schritt:
- Fett in einer Pfanne erhitzen.
- Schalotten und Knoblauch hineingeben und anbraten.
- Bohnen und Rosmarin dazugeben und ebenfalls kurz mit anbraten.
- Wasser aufgießen und alles in ca. 10 Minuten weich dünsten.
- Mehl mit etwas Wasser glatt anrühren, in die Bohnen einrühren und 2 - 3 Minuten leicht köcheln lassen (es entsteht eine leichte Bindung).
- Mit Salz, Pfeffer und Muskat abschmecken.
- Gemüse und Bratkartoffeln vermengen oder separat servieren.

Kartoffelpfanne mit Chicorée und Birnen

1.	1	Port.	Bratkartoffeln (siehe Seite 138)
2.	3	Eßl.	Butter oder Margarine
	300	gr.	Chicorée - den bitteren Strunk keilförmig herausgeschnitten und entfernt, Blätter in 3 - 4 cm große Stücke geschnitten
	1	St.	Birne - gewaschen, Kernbereich entfernt und in kleine Stücke oder dünne Scheibchen geschnitten
	1	Prise	Salz, Pfeffer - gemahlen
	1	Teel.	Minze - gewaschen, von den Stielen befreit und gehackt

1. Schritt:

- Bratkartoffeln nach Grundrezept auf Seite 138 zubereiten.

2. Schritt:

- Fett in einer Pfanne erhitzen.
- Chicorée hineingeben und über ca. 4 Minuten unter Hin- und Herbewegen leicht anbraten.
- Birnenstücke dazugeben und weitere 2 Minuten braten. Bei trockenen Birnen etwas Wasser dazugießen.
- Mit Salz und Pfeffer abschmecken.
- Minze unterheben.
- Gemüse und Bratkartoffeln vermengen oder separat servieren.

Kartoffelpfanne mit Blumenkohl-Curry

1.	1	Port.	Bratkartoffeln (siehe Seite 138)
		—	
2.	100	gr.	Wasser
	200	gr.	Blumenkohlröschen – gewaschen
	60	gr.	Karotten – geschält und in Scheiben geschnitten
	60	gr.	roter Paprika – gewaschen, Stielansatz und Samenbereich entfernt, Fruchtfleisch kleingeschnitten
		—	
3.	2	Eßl.	Butter oder Margarine
	1 1/2	Eßl.	Currypulver
	150	gr.	Wasser
	2	Eßl.	Mascarpone (italienisches Rahmprodukt)
	1/2 - 1	Eßl.	gekörnte Gemüsebrühe
	1	Prise	Salz

1. Schritt:
- Bratkartoffeln nach Grundrezept auf Seite 138 zubereiten.

2. Schritt:
- Wasser in einem Topf zum Kochen bringen.
- Gemüse in einem Sieb oder Siebeinsatz mit Deckel versehen über dem Wasserdampf in ca. 12 Minuten weichgaren.

3. Schritt:
- Fett in einer Pfanne erhitzen.
- Curry einrühren.
- Wasser und Mascarpone ebenfalls einrühren und unter Rühren ca. 8 Minuten köcheln lassen.
- Gemüse mit der Currysauce vermengen.
- Mit Gemüsebrühe und Salz abschmecken.
- Gemüse und Bratkartoffeln vermengen oder separat servieren.

Naturreis:

Vom Spelz befreites, aber noch im Besitz des „Silberhäutchens" befindliches Reiskorn, welches ihm sein bräunlich-schimmerndes Aussehen verleiht (darum auch Vollkornreis genannt).

Im Naturreis sind noch alle spezifischen Eiweißstoffe (von denen der Reis sehr viele und sehr hochwertige besitzt), Vitamine, Mineralstoffe und die für die Verdauung wichtigen Ballaststoffe enthalten.

Naturreis gibt es als sogenanntes Rundkorn, Mittelkorn und Langkorn. Rundkornreis kocht eher zum weichen Korn, während Langkornreis eher körnig bleibt. Für die nachfolgenden Reispfannen wurde, soweit nichts anderes angegeben, Mittelkornreis verwendet.

Basmatireis:

Schlankes, langes Korn, das beim Kochen einen blumigen Duft entwickelt (darum auch Duftreis genannt). Basmatireis ist auch als Naturreis im Handel. Er eignet sich über eine etwas längere Garzeit für lockere Reisgerichte mit eher weichem Biß.

Wildreis:

Sehr eiweißreiche Sorte – ebenso herzhaft wie bekömmlich und von herb-nussigem Geschmack. Wildreis wächst in Nordamerika/Kanada und ist eigentlich keine Reissorte, d.h. kein Getreide, sondern gehört zu den sogenannten Wassergräsern.

Eine Selbsterfahrung:

Reis kommt ursprünglich aus China, dem „Land der Mitte". Diese Qualität scheint ihm –nomen est omen– als eine Art Prinzip innezuwohnen.
So kann Naturreis – richtig zubereitet und genossen – den Menschen in eine Art körperlichen „Zustand der Mitte" bringen, in dem vielfältige Arten von Selbstheilungen geschehen können.
Vor allem auf das Magen-Darm-Geschehen übt Naturreis eine unglaublich harmonisierende Wirkung aus. So können über eine 7-tägige Naturreisdiät regelrechte Wunder geschehen.
Ausprobieren lohnt sich.

Naturreispfanne
- Grundrezept -

1.	2	Eßl.	Sesamöl
	200	gr.	Vollkornreis – heiß gewaschen und abgetropft
2.	300	gr.	Wasser
3.	200	gr.	Wasser
	1	Prise	Salz

1. Schritt:
- Öl in einem Topf erhitzen.
- Abgetropften Reis hineingeben und unter ständigem Wenden so lange anbraten, bis er trocken ist und nussig duftet (4 Minuten).

2. Schritt:
- 300 gr. Wasser aufgießen und unter reduzierter Hitze im offenen Topf 15 Minuten köcheln lassen.
  Das Wasser sollte danach aufgesogen sein.

3. Schritt:
- 200 gr. Wasser nachgießen und ebenfalls unter reduzierter Hitze, aber im geschlossenen Topf, 20 Minuten quellen lassen.
- Danach leicht salzen.
- Hitzezufuhr abstellen und im offenen Topf über ca. 5 Minuten ausquellen lassen.

Der oben rezeptierte Reis sollte noch etwas körnig sein, in Ruhe genossen – und ausgiebig gekaut werden (sehr entspannend!).

Orangenreis mit Schwarzwurzeln

1.	1	Port.	zubereiteter Vollkornreis (siehe Seite 144), zusätzlich
	1	Teel.	geriebene Schale einer unbehandelten Orange (Naturkost-Fachgeschäft)
2.	3	Eßl.	Butter oder Margarine
	400	gr.	Schwarzwurzeln – unter fließend. Wasser geschält und kleingeschnitten
	150	gr.	Wasser
3.	50	gr.	Butter oder Margarine
		Saft	einer 1/2 Orange
		Filets	einer 1/2 Orange (ohne Haut) – halbiert oder geviertelt
	1	Prise	Salz, Pfeffer – gemahlen
	1	Msp.	Honig
	1	Teel.	Minze – gewaschen, von den Stielen befreit und gehackt

1. Schritt:
- Reis nach Grundrezept zubereiten, jedoch den Reis mit der geriebenen Orangenschale anbraten.

2. Schritt:
- Fett in einem Topf erhitzen.
- Schwarzwurzeln hineingeben und leicht anbraten.
- Wasser aufgießen und im geschlossenen Topf weichdünsten.

3. Schritt:
- Fett in einer Pfanne erhitzen.
- Orangensaft einrühren.
- Gemüse, Reis und Orangen dazugeben und vermengen.
- Mit Salz, Pfeffer und Honig abschmecken.
- Am Schluß die Minze unterheben.

Thymianreis mit Champignons

1.	1	Port.	zubereiteter Vollkornreis (siehe Seite 144), zusätzlich
	1	Eßl.	Thymian – gewaschen, von den Stielen befreit und gehackt
2.	4	Eßl.	Sesamöl
	3	St.	Schalotten – geschält und gewürfelt
	1	St.	Knoblauchzehe – geschält und gehackt
	400	gr.	Champignons – geputzt und in angenehme Stücke geschnitten
	1 1/2	Eßl.	Sojasauce (Shoyu oder Tamari)
	150	gr.	Wasser
	1	Prise	Salz, Pfeffer – gemahlen

1. Schritt:
- Reis nach Grundrezept zubereiten, jedoch am Ende des 3. Schrittes den Thymian untermengen.

2. Schritt:
- Öl in einer Pfanne erhitzen.
- Schalotte und Knoblauch hineingeben und glasig dünsten.
- Champignons ebenfalls dazugeben und ca. 5 Minuten scharf anbraten.
- Sojasauce einrühren, Wasser aufgießen, aufkochen und unter reduzierter Hitze ca. 5 Minuten köcheln lassen.
- Gemüse und Reis vemengen.
- Mit Salz und Pfeffer abschmecken.

Lemongrasreis mit grünem Spargel

1.	1	Port.	zubereiteter Vollkornreis (siehe Seite 144), jedoch statt mit Rundkornreis mit Basmatireis zubereitet, zusätzlich
	1	St.	Lemongras (erhältlich in asiatischen Lebensmittelgeschäften/-abteilungen) – gewaschen und in ca. 5 cm lange Stücke geschnitten
2.	2	Eßl.	Sesamöl
	80	gr.	Frühlingszwiebeln – geputzt, gewaschen und in ca. 3 cm lange Stücke geschnitten
	350	gr.	grüner Spargel – gewaschen, im unteren Bereich geschält und in ca. 5 cm lange Stücke geschnitten
	5	St.	Ringchen einer Peperoni (ohne Samenkerne)
	1	Eßl.	Sojasauce (Shoyu oder Tamari)
	200	gr.	Wasser
	1	Prise	Salz, Pfeffer – gemahlen

1. Schritt:
- Reis nach Grundrezept zubereiten, jedoch am Anfang das Lemongras dazugeben und am Ende wieder entfernen.

2. Schritt:
- Öl in einer Pfanne erhitzen.
- Frühlingszwiebeln, Spargel und Peperoni hineingeben und anbraten.
- Mit Sojasauce vermengen.
- Wasser aufgießen und in ca. 8 Minuten bißfest garen.
- Gemüse und Reis vermengen.
- Mit Salz und Pfeffer abschmecken.

Mandelreis mit Broccoli

1.	1	Port.	zubereiteter Vollkornreis (siehe Seite 144), zusätzlich
	2	Teel.	Mandelmus – aus dem Glas oder im Mörser zerrieben
		—	
2.	1	Eßl.	Sesamöl
	2	St.	Schalotten – geschält und gewürfelt
	1	St.	Knoblauchzehe – geschält und gehackt
	300	gr.	Broccoli – gewaschen, Röschen kleingeteilt, Stiele geschält und kleingeschnitten
	200	gr.	Wasser
	2	St.	Tomaten – geschält (siehe Seite 95), Samenbereich entfernt und Fruchtfleisch gewürfelt
	1	Eßl.	Mascarpone (italienisches Rahmprodukt)
	1	Prise	Salz, Pfeffer – gemahlen

1. Schritt:
- Reis nach Grundrezept auf Seite 144 zubereiten, jedoch am Anfang den Reis mit dem Mandelmus anbraten.

2. Schritt:
- Öl in einer Pfanne erhitzen.
- Schalotten und Knoblauch hineingeben und glasig dünsten.
- Broccoli dazugeben, Wasser aufgießen und in ca. 8 Minuten bißfest garen.
- Tomaten und Mascarpone darübergeben und ohne Umrühren bei abgestellter Hitzezufuhr 2 - 3 Minuten ziehen lassen.
- Gemüse und Reis vermengen.
- Mit Salz und Pfeffer abschmecken.

Safranreis mit Erbsen

1.	1	Port.	zubereiteter Vollkornreis (siehe Seite 144), zusätzlich
	2	Dösch.	Safran – gemahlen
2.	20	gr.	Butter oder Margarine
	1	St.	Schalotte – geschält und gewürfelt
	250	gr.	grüne Erbsen (entspricht ca. 1 kg in der Schote)
	150	gr.	Kohlrabi – geschält und kleingeschnitten
	100	gr.	Wasser
	75	gr.	Sahne
	1	Prise	Salz, Pfeffer – gemahlen

1. Schritt:

- Reis nach Grundrezept auf Seite 144 zubereiten, jedoch kurz vor der Fertigstellung den Safran untermengen.

2. Schritt:

- Fett in einer Pfanne erhitzen.
- Schalotten hineingeben und glasig garen.
- Erbsen und Kohlrabi dazugeben und leicht anbraten.
- Wasser dazugießen und in der geschlossenen Pfanne in ca. 10 Minuten bißfest dünsten.
- Sahne unterrühren und bei reduzierter Hitze fertiggaren.
- Gemüse und Reis vermengen.
- Mit Salz und Pfeffer abschmecken.

Tomatenreis mit Paprika

1.	1	Port.	zubereiteter Vollkornreis (siehe Seite 144), zusätzlich
	2	Eßl.	Olivenöl
	1	Eßl.	Tomatenmark
	1	St.	Lorbeerblatt
2.	2	Eßl.	Olivenöl
	4	St.	Schalotten – geschält und fein gewürfelt
	1	St.	Knoblauchzehe – geschält und fein gewürfelt
	300	gr.	bunter Paprika – gewaschen, Stielansatz und Kernbereich entfernt, Fruchtfleisch in Streifen geschnitten
	2	St.	Tomaten – enthäutet (siehe Seite 95) Samenbereich entfernt, Fruchtfleisch gewürfelt.
	3	St.	Ringchen einer Peperoni (ohne Samenkerne)
	1	Eßl.	Tomatenmark
	1	St.	Lorbeerblatt
	1	Dösch.	Safran – gemahlen
	250	gr.	Wasser
	1	Prise	Salz, Pfeffer – gemahlen

1. Schritt:

- Reis nach Grundrezept auf Seite 144 zubereiten, jedoch statt mit Sesamöl mit Olivenöl anbraten.
- Außerdem am Anfang des 3. Schrittes Tomatenmark und Lorbeerblatt untermengen.

2. Schritt:

- Öl in einer Pfanne erhitzen.
- Schalotten und Knoblauch hineingeben und andünsten.
- Paprika, Tomaten, Peperoni, Tomatenmark und Lorbeerblatt dazugeben und kurz weiterdünsten.
- Safran untermengen, Wasser aufgießen und in ca. 10 Minuten fertiggaren.
- Gemüse und Reis vermengen.
- Mit Salz und Pfeffer abschmecken.

Hirsepfanne mit Pfifferlingen

1.	350	gr.	Wasser
	1	Prise	Salz
	200	gr.	Hirse – heiß gewaschen
	1	Eßl.	Butter oder Margarine
2.	1	Eßl.	Butter oder Margarine
	2	St.	Schalotten – geschält und kleingeschnitten
	1	St.	Knoblauchzehe – geschält und gehackt
	400	gr.	Pfifferlinge – geputzt, gewaschen und eventuell kleingeschnitten
	2	Eßl.	Wasser
	2	Eßl.	Weißwein
	2	Eßl.	Distelöl
	2	Eßl.	Schnittlauch – gewaschen und in kleine Röllchen geschnitten
	1	Prise	Salz, Pfeffer – gemahlen

1. Schritt:

- Hirse wie rechts auf Seite 153 beschrieben zubereiten.

2. Schritt:

- Fett in einer Pfanne erhitzen.
- Schalotten und Knoblauch hineingeben und anbraten.
- Pfifferlinge dazugeben und mit anbraten.
- Wasser und Wein aufgießen und in 5 - 8 Minuten weichdünsten.
- Schnittlauch und Öl im Mörser zerreiben und zu den Pfifferlingen geben. Alternative: mit 2 Eßl. Mascarpone (ohne Kräuter) verfeinern.
- Mit Salz und Pfeffer abschmecken.
- Gemüse und Hirse vermengen oder separat servieren.

Hirsepfanne mit Lauch und Karotten

1.	350	gr.	Wasser
	1	Prise	Salz
	200	gr.	Hirse
	1	Eßl.	Butter oder Margarine
2.	3	Eßl.	Butter oder Margarine
	250	gr.	Lauch – geputzt, gewaschen und kleingeschnitten
	150	gr.	Karotten – geschält und kleingeschnitten
	1 1/2	Eßl.	Mandelmus, ersatzweise 2 Eßl. Mandeln im Mörser zerrieben
	100	gr.	Wasser
	1	Prise	Salz, Muskatnuß – gerieben

1. Schritt:

- Leicht gesalzenes Wasser erhitzen und Hirse einrühren.
- Einmal aufkochen und unter geringster Hitze im geschlossenen Topf ca. 40 Minuten nachquellen lassen.
- Fett auf der Hirse schmelzen lassen und unterheben.

2. Schritt:

- Fett in einer Pfanne erhitzen.
- Lauch und Karotten hineingeben und anbraten.
- Mandelmus und Wasser dazugeben und in 10 - 12 Minuten weichdünsten.
- Mit Salz und Muskat abschmecken.
- Gemüse und Hirse vermengen oder separat servieren.

Spaghetti mit Tomatenpesto

1.	1	Port.	Spaghetti
		—	
2.	180	gr.	Tomaten – geschält (siehe S. 95), Samenbereich entfernt und Fruchtfleisch kleingeschnitten
	1	Eßl.	Tomatenmark
	1	St.	Knoblauchzehe } geschält und
	2	St.	Schalotten } kleingeschnitten
	1	Msp.	Honig
	3	Eßl.	Basilikum – gewaschen, von den Stielen befreit und kleingeschnitten
		—	
3.	75	gr.	Olivenöl
	2	Eßl.	Mascarpone
		—	
4.	1	Prise	Salz, Pfeffer – gemahlen

Spaghetti mit Kräuterpesto

1.	1	Port.	Spaghetti
		—	
2.	4	Eßl.	Ruccola – gewaschen und gehackt
	1	Eßl.	Rosmarin } gewaschen, von
	1	Eßl.	Majoran } den Stielen befreit
	1	Eßl.	Liebstöckel } und gehackt
	1	Eßl.	Kerbel
	20	gr.	Pinienkerne
		—	
3.	75	gr.	Olivenöl
	2	Eßl.	Mascarpone
		—	
4.	120	gr.	Karotten – geschält, geraspelt und blanchiert
	10	gr.	Pinienkerne – ohne Fett geröstet
	1	Prise	Salz, Pfeffer – gemahlen

1. Schritt:
- Nudeln nach Anweisung auf der Packung zubereiten bzw. kochen.

2. Schritt:
- Alle oben angegebenen Zutaten (vom 2. Punkt) des jeweiligen Rezeptes in einen Mixer geben.

3. Schritt:
- Mixer auf kleinste Stufe stellen und im laufenden Betrieb Öl und Mascarpone nach und nach zugeben, so daß ein cremiger Pesto entsteht.

4. Schritt:
- Heiße Nudeln mit dem Pesto vermengen; beim Rezept mit Kräuterpesto zusätzlich die geriebenen Karotten und Pinienkerne unterrühren.
- Eventuell nochmals kurz erwärmen und mit Salz und Pfeffer abschmecken.

Spaghetti mit Paprikapesto

1.	1	Port.	Spaghetti
2.	200	gr.	roter Paprika – enthäutet (siehe Seite 94)
	2	St.	Schalotten – geschält und gewürfelt
	1/3	St.	Chilischote – gewaschen von Samenkernen befreit und Fruchtfleisch kleingeschnitten
	1	Eßl.	Rosmarin – gewaschen, von den Stielen befreit und gehackt
	1	Eßl.	Mandelmus oder im Mörser zerriebene Mandeln
3.	50	gr.	Olivenöl
	50	gr.	warmes Wasser
4.	1	Prise	Salz, Pfeffer – gemahlen

Spaghetti mit Walnußpesto

1.	1	Port.	Spaghetti
2.	150	gr.	Wirsing – gewaschen, fein zerkleinert und in einem Siebeinsatz über Dampf von kochendem Wasser weich gedünstet
	3	Eßl.	Basilikum – gewaschen, von den Stielen befreit und gehackt
	1	St.	Knoblauchzehe – geschält und fein gehackt
	50	gr.	Walnußkerne
3.	75	gr.	Distelöl
	50	gr.	warmes Wasser
4.	1	Prise	Salz, Nelken – gemahlen

1. Schritt:
- Nudeln nach Anweisung auf der Packung zubereiten bzw. kochen.

2. Schritt:
- Alle oben angegebenen Zutaten (vom 2. Punkt) des jeweiligen Rezeptes in einen Mixer geben.

3. Schritt:
- Mixer auf kleinste Stufe stellen und im laufenden Betrieb Öl und Wasser nach und nach zugeben, so daß ein cremiger Pesto entsteht.

4. Schritt:
- Heiße Nudeln mit dem Pesto vermengen.
- Eventuell nochmals kurz erwärmen und mit den angegebenen Gewürzen abschmecken.

Senfnudeln mit Mangold

1.	1	Port.	Nudeln nach Belieben
2.	2 - 3	Eßl.	Butter oder Margarine
	300	gr.	Mangold – geputzt, gewaschen, Stiele bzw. grobe Rippen kleingeschnitten und die Blatteile zerkleinert
	1	Teel.	milder Senf
	100	gr.	Sahne
	120	gr.	Tomaten – geschält (siehe Seite 95), Samenbereich entfernt und Fruchtfleisch gewürfelt
	1	Prise	Salz, Pfeffer – gemahlen

1. Schritt:

- Nudeln nach Anweisung auf der Packung zubereiten bzw. kochen.

2. Schritt:

- Fett in einer Pfanne erhitzen.
- Mangoldstiele hineingeben und angaren.
- Die nassen Mangoldblätter dazugeben und in der Pfanne mit geschlossenem Deckel bißfest dünsten. Eventuell noch etwas Wasser aufgießen.
- Senf mit der Sahne verrühren, zum Gemüse geben und 4 - 5 Minuten köcheln lassen.
- Tomaten dazugeben und noch ca. 1 Minute ziehen lassen.
- Heiße Nudeln mit dem Gemüse vermengen.
- Mit Salz und Pfeffer abschmecken.

Spinatnudeln mit Roquefort

1.	1	Port.	Spinatnudeln
2.	1 - 2	Eßl.	Butter oder Margarine
	2	St.	Schalotten – geschält und sehr fein geschnitten
	1/4	St.	Knoblauchzehe – geschält, kleingeschnitten und zerdrückt
	500	gr.	Spinat – geputzt und gewaschen
	75	gr.	Roquefort (französischer Schafs-Edelschimmelkäse)
	100	gr.	Sahne
	1	Prise	Salz, Pfeffer – gemahlen
	20	gr.	Sonnenblumenkerne – ohne Fett hellbraun geröstet

1. Schritt:
- Nudeln nach Anweisung auf der Packung zubereiten bzw. kochen.

2. Schritt:
- Fett in einer Pfanne erhitzen.
- Schalotten und Knoblauch hineingeben und angaren.
- Den nassen Spinat dazugeben und solange in der Pfanne mit geschlossenem Deckel dünsten, bis er leicht zusammenfällt.
- Danach grob hacken und wieder in die Pfanne geben.
- Roquefort mit einer Gabel zerdrücken, mit der Sahne vermischen, zum Spinat geben und ca. 4 Minuten leicht köcheln lassen.
- Heiße Nudeln mit dem Gemüse vermengen.
- Mit Salz und Pfeffer abschmecken.
- Sonnenblumenkerne unterheben.

Rote Bete-Nudeln mit Stangensellerie

1.	1	Port.	Nudeln nach Belieben
		—	
2.	1 - 2	Eßl.	Butter oder Margarine
	250	gr.	rote Beten – geschält und in angenehme Stücke geschnitten
	200	gr.	Wasser
	1/2	Eßl.	Rotweinessig
	1	St.	Lorbeerblatt
	3	St.	Nelken – ganz
	150	gr.	Stangensellerie – die Stangen gewaschen und kleingeschnitten
	2	Eßl.	Mascarpone (italienisches Rahmprodukt)
	1	Prise	Salz, Pfeffer – gemahlen

1. Schritt:

- Nudeln nach Anweisung auf der Packung zubereiten bzw. kochen.

2. Schritt:

- Fett in einer Pfanne erhitzen.
- Rote Beten hineingeben und anschwitzen.
- Wasser, Essig, Lorbeerblatt und Nelken dazugeben und in ca. 10 Minuten fast weichdünsten.
- Stangensellerie ebenfalls dazugeben und in ca. weiteren 5 Minuten weichdünsten.
- Mascarpone unterrühren und bei reduzierter Hitze und leichtem Rühren ca. 3 Minuten köcheln lassen.
- Lorbeerblatt und Nelken entfernen.
- Heiße Nudeln mit dem Gemüse vermengen.
- Mit Salz und Pfeffer abschmecken.

Basilikumnudeln mit Tomaten

1.	1	Port.	Nudeln nach Belieben
2.	1	Eßl.	Basilikum – gewaschen, von den Stielen befreit und gehackt
	50	gr.	Olivenöl
	1	Eßl.	Mascarpone (italienisches Rahmprodukt)
	1	Eßl.	Parmesankäse – gerieben
3.	1 - 2	Eßl.	Olivenöl
	50	gr.	Schalotten – geschält und kleingewürfelt
	1	St.	Knoblauchzehe – geschält und gehackt
	400	gr.	Tomaten – geschält (siehe Seite 95), Samenbereich entfernt und Fruchtfleisch gewürfelt
	100	gr.	Wasser
	1	Msp.	Honig
	1	Prise	Salz, Pfeffer – gemahlen

1. Schritt:
- Nudeln nach Anweisung auf der Packung zubereiten bzw. kochen.

2. Schritt:
- Basilikum mit etwas Olivenöl im Mörser zerreiben.
- Restliches Olivenöl, Mascarpone, Parmesan und Basilikumpesto in einem Mixer pürieren.

3. Schritt:
- Öl in einer Pfanne erhitzen.
- Schalotten und Knoblauch hineingeben und angaren. Tomaten und Wasser dazugeben und kurz dünsten (die Tomaten sollen eigentlich nur heiß werden).
- Eventuell mit etwas Honig abschmecken.
- Heiße Nudeln mit dem Gemüse und dem Pesto vermengen.
- Mit Salz und Pfeffer abschmecken.

Bandnudeln mit Auberginen

1.	1	Port.	Nudeln nach Belieben
2.	1	Eßl.	Basilikum – gewaschen, von den Stielen befreit und gehackt
	1	Eßl.	Olivenöl
3.	250	gr.	Auberginen – gewaschen, in „Zebrastreifen“ längs geschält und gewürfelt
	1 - 2	Teel.	Salz
	3	Eßl.	Olivenöl
	2	St.	Schalotten – geschält und gewürfelt
	2	Eßl.	Sojasauce (Shoyu oder Tamari)
	150	gr.	Paprika – gewaschen, Stielansatz und Samenbereich entfernt und Fruchtfleisch gewürfelt
	100	gr.	Wasser
	1	Teel.	Reismehl
	1	Prise	Salz, Pfeffer - gemahlen

1. Schritt:
- Nudeln nach Anweisung auf der Packung zubereiten bzw. kochen.

2. Schritt:
- Basilikum mit dem Öl in einem Mörser zu einem Pesto zerreiben.

3. Schritt:
- Auberginen einsalzen, 4 - 5 Minuten ziehen lassen, abspülen und trockentupfen.
- Öl in einer Pfanne erhitzen.
- Auberginen und Schalotten hineingeben und anbraten. Mit Sojasauce ablöschen, Paprika und Wasser dazugeben und in ca.10 Minuten fast weichgaren.
- Reismehl mit wenig Wasser glatt anrühren, in das Gemüse einrühren und nochmals 1 - 2 Minuten köcheln lassen.
- Heiße Nudeln mit dem Gemüse und dem Pesto vermengen.
- Mit Salz und Pfeffer abschmecken.

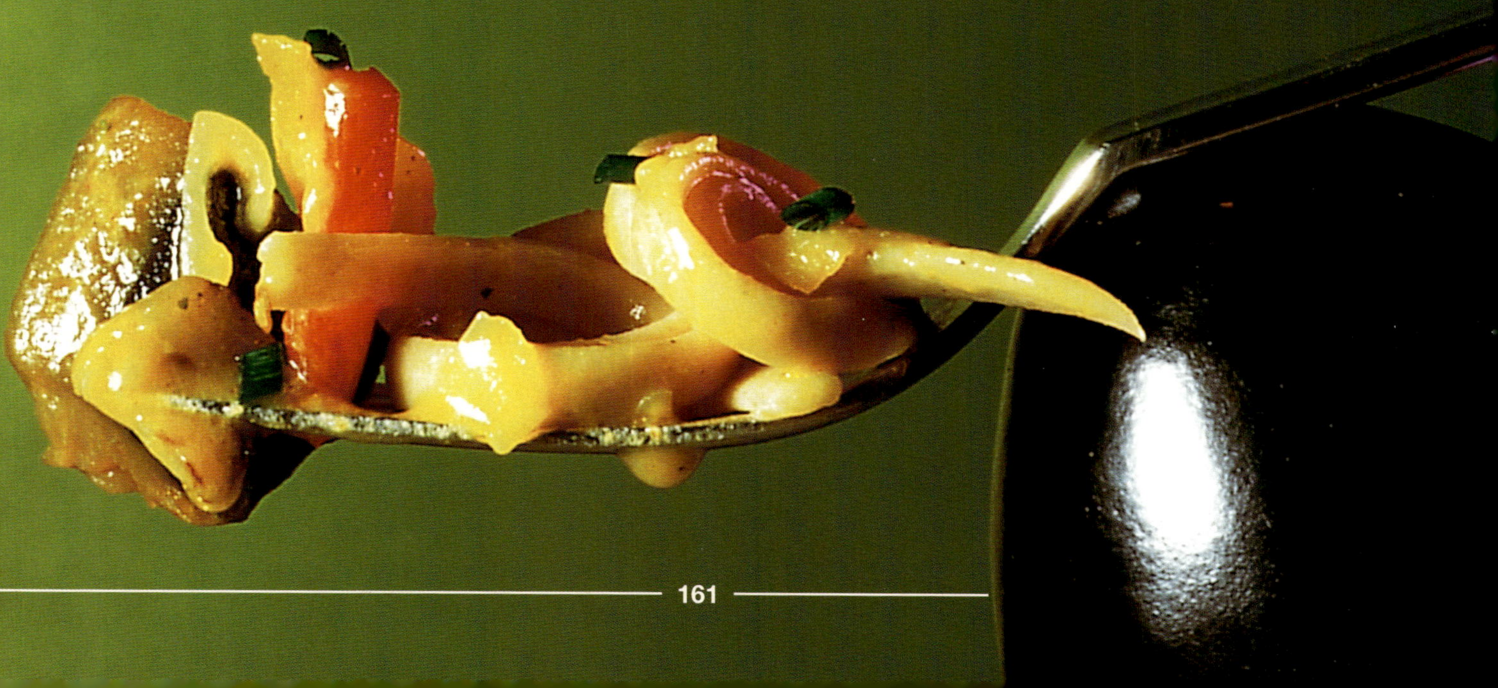

Bohnenpfanne mit Tomaten und Salbei

1.	250	gr.	weiße Bohnen (getrocknet) – gewaschen und in 750 gr. Wasser ca. 12 Stunden eingeweicht
	600	gr.	Wasser
	2	Eßl.	Gemüsebrühe
2.	40	gr.	Butter oder Margarine
	300	gr.	Zwiebeln – geschält und kleingeschnitten
	3	St.	Knoblauchzehen – geschält und gehackt
	100	gr.	Wasser
	50	gr.	Weißwein (trocken)
	120	gr.	Tomaten – enthäutet (siehe Seite 95), Samenbereich entfernt und Fruchtfleisch gewürfelt
	2	Eßl.	Salbei – gewaschen, von den Stielen befreit und gehackt
	1	Teel.	Reismehl (siehe Rohstoffhinweise Seite 234)
	1	Prise	Salz, Pfeffer – gemahlen

1. Schritt:

- Einweichwasser der Bohnen wegschütten, spülen und in 600 gr. frischem Wasser und Gemüsebrühe in ca. 80 Minuten weichkochen.

2. Schritt:

- Fett in einer Pfanne erhitzen.
- Zwiebeln und Knoblauch hineingeben und goldgelb anbraten.
- Wasser und Wein aufgießen, Tomaten und Salbei dazugeben und ca. 5 Minuten dünsten.
- Reismehl mit etwas Wasser glatt anrühren, in die Zwiebeln einrühren und einmal aufkochen lassen (es entsteht eine leichte Bindung).
- Bohnen (ohne Kochwasser) und Zwiebeln vermengen.
- Mit Salz und Pfeffer abschmecken.

Kichererbsenpfanne mit Wirsing und Minze

1.	200	gr.	Kichererbsen – gewaschen und in 600 gr. Wasser ca. 12 Stunden eingeweicht
	400	gr.	Wasser
	1	Eßl.	gekörnte Gemüsebrühe
2.	2	Eßl.	Butter oder Margarine
	3	St.	Schalotten – geschält und kleingewürfelt
	2	St.	Knoblauchzehen – geschält und gehackt
	300	gr.	Wirsing – geputzt, gewaschen und kleingeschnitten
	100	gr.	Wasser
	1	Eßl.	Mascarpone (italienisches Rahmprodukt)
	1	Msp.	Safran – gemahlen
	1	Prise	Salz, Pfeffer – gemahlen
	1	Teel.	Minze – von den Stielen befreit und gehackt

1. Schritt:

- Einweichwasser der Kichererbsen wegschütten, spülen und in 400 gr. frischem Wasser und Gemüsebrühe in ca. 40 Minuten weichgaren.

2. Schritt:

- Fett in einer Pfanne erhitzen.
- Schalotten und Knoblauch hineingeben und glasig dünsten.
- Wirsing dazugeben und anbraten.
- Wasser aufgießen und in 12 - 15 Minuten weichdünsten.
- Mascarpone und Safran unterrühren.
- Kichererbsen (ohne Kochwasser) und Wirsing vermengen.
- Mit Salz und Pfeffer abschmecken.
- Am Schluß die Minze unterheben.

Bulgur mit Fenchel

1.	5	Eßl.	Distelöl
	200	gr.	Bulgur (Naturkosthandel)
	240	gr.	Wasser – leicht gesalzen (1 Prise)
2.	2	Eßl.	Distelöl
	250	gr.	Fenchel – geputzt, gewaschen und kleingeschnitten
	150	gr.	bunter Paprika – gewaschen, Stielansatz und Samenbereich entfernt, Fruchtfleisch gewürfelt
	120	gr.	Wasser
	1	Eßl.	Dill – gewaschen, von den Stielen befreit und gehackt
	1	Prise	Salz, Pfeffer – gemahlen, Anis – gemahlen

1. Schritt:

- Öl erhitzen und Bulgur (bzw. Couscous) darin erhitzen, bis er nussig duftet.
- Unter ständigem Rühren Wasser zugießen.
- Unter Weiterrühren 3 - 5 Minuten köcheln lassen, bis die Masse fest wird.
- Unter geringster Hitzezufuhr im geschlossenen Topf ca. 30 Minuten nachquellen lassen.

2. Schritt:

- Öl in der Pfanne erhitzen.
- Gemüse hineingeben und ca. 5 Minuten anbraten.
- Wasser aufgießen und in ca. 10 Minuten weichdünsten.
- Dill dazugeben und mit Salz, Pfeffer und Anis abschmecken.
- Gemüse und Bulgur vermengen oder separat servieren.

Cous-Cous mit Auberginen

1.	5	Eßl.	Olivenöl
	200	gr.	Couscous (Naturkosthandel)
	240	gr.	Wasser – leicht gesalzen (1 Prise)
		—	
2.	2	Eßl.	Olivenöl
	250	gr.	Auberginen – gewaschen, in „Zebrastreifen" geschält und gewürfelt
	2	St.	Schalotten – geschält und kleingeschnitten
	50	gr.	Frühlingszwiebeln – geputzt, gewaschen und kleingeschnitten
	1	St.	Knoblauchzehe – geschält und gehackt
	1	Eßl.	Sojasauce (Shoyu oder Tamari)
	80	gr.	Wasser
	100	gr.	Tomaten – gewaschen, Stielansatz entfernt, Fruchtfleisch gewürfelt
	1	Teel.	Rosmarin – gewaschen, von den Stielen befreit und gehackt
	1	Prise	Salz, Pfeffer – gemahlen

1. Schritt:
- Couscous wie den links auf Seite 164 beschriebenen Bulgur zubereiten.

2. Schritt:
- Öl in einer Pfanne erhitzen.
- Gemüse (Auberginen bis Knoblauch) hineingeben und scharf anbraten.
- Sojasauce und Wasser aufgießen und in ca. 10 Minuten bißfest dünsten.
- Tomaten und Rosmarin dazugeben und in ca. 3 Minuten weichdünsten.
- Mit Salz und Pfeffer abschmecken.
- Gemüse und Couscous vermengen oder separat servieren.

Pfannkuchen - Grundrezept -

140	gr.	Dinkel (ersatzweise Weizen) – feinst gemahlen
3	St.	Eier
150	gr.	Milch
70	gr.	Sahne
60	gr.	kohlensäurehaltiges Mineralwasser
1	Prise	Salz
		Butter oder Pflanzenfett bzw. -öl zum Ausbacken

- Mehl in eine Schüssel geben und in der Mitte eine Mulde bilden.
- Eier, Milch, Sahne, Mineralwasser und Salz verrühren.
- Nach und nach von der Mulde aus mit dem Mehl vermengen und zu einem glatten Teig rühren.
- Mindestens 1/2 Stunde quellen lassen.
- Fett in einer Pfanne erhitzen und darin, je nach Belieben, mehr oder weniger dünne Pfannkuchen ausbacken.

Hinweis:
- das obige Rezept ergibt etwa 6 - 8 dünne Pfannkuchen (Pfannendurchmesser ca. 24 cm).

Pfannkuchen mit Wirsing in Koriandercreme

1.	1	Port.	Pfannkuchenteig (siehe Seite 167)
		—	
2.	1	Eßl.	Butter oder Margarine
	250	gr.	Wirsing – geputzt, gewaschen und kleingeschnitten
	100	gr.	Karotten – geschält und in Stifte geschnitten
	100	gr.	Wasser
	1/2	Teel.	Koriander (Samen) – gemahlen
	2 1/2	Eßl.	Mascarpone (italienisches Rahmprodukt)
	1	Prise	Salz
			Butter oder Pflanzenfett bzw. -öl zum Ausbacken

1. Schitt:
- Pfannkuchenteig zubereiten (siehe Seite 167)

2. Schritt:
- Fett in einem Topf erhitzen.
- Wirsing und Karotten hineingeben und andünsten.
- Wasser aufgießen und in 10 - 12 Minuten weichdünsten.
- Koriander darüberstreuen, Mascarpone einrühren und ca. 5 Minuten köcheln lassen.
- Mit Salz abschmecken.
- Fett in einer Pfanne erhitzen.
- Pfannkuchen darin ausbacken.
- Mit dem Gemüse belegen und zusammenfalten.

Pfannkuchen mit Schwarzwurzeln in Limonencreme

1.	1	Port.	Pfannkuchenteig (siehe Seite 167)	
2.	100	gr.	Wasser	vermischt
		Saft	einer Limone (ersatzweise 1/2 Zitrone)	
	1	Prise	Salz	
	400	gr.	Schwarzwurzeln – unter fließendem Wasser geschält, in kleine Stücke geschnitten und sofort mit dem Wasser-Limonengemisch vermengt	
	2	Eßl.	Mascarpone (italienisches Rahmprodukt)	
	1	Prise	Salz, Pfeffer – gemahlen	
	1	Teel.	Minze – gewaschen, von den Stielen befreit und gehackt	
			Butter oder Pflanzenfett bzw. -öl zum Ausbacken	

1. Schritt:
- Pfannkuchenteig zubereiten (siehe Seite 167)

2. Schritt:
- Wasser-Limonensaftgemisch mit den Schwarzwurzeln in einem Topf erhitzen und in 8 - 10 Minuten fast weichgaren.
- Mascarpone einrühren und ca. 5 Minuten unter Rühren köcheln lassen.
- Mit Salz und Pfeffer abschmecken und die Minze unterheben.
- Fett in einer Pfanne erhitzen.
- Pfannkuchen darin ausbacken.
- Mit dem Gemüse belegen und zusammenfalten.

Pfannkuchen mit Spargel in Safrancreme

1.	1	Port.	Pfannkuchenteig (siehe Seite 167)
2.	200	gr.	Wasser – leicht gesalzen
	400	gr.	Spargel – gewaschen, geschält und halbiert
	3	Eßl.	Mascarpone (italienisches Rahmprodukt)
	6	Eßl.	Spargelkochwasser
	1	Dösch.	Safran – gemahlen
	1	Prise	Salz
			Butter oder Pflanzenfett bzw. -öl zum Ausbacken

1. Schritt:
- Pfannkuchenteig zubereiten (siehe Seite 167)

2. Schritt:
- Wasser (leicht gesalzen) in einem Topf erhitzen.
- Spargel hineingeben und in 8 - 10 Minuten weichgaren.
- Mascarpone und 6 Eßl. Spargelkochwasser (den Rest anderweitig verwenden oder trinken) in einem separaten Topf erhitzen.
- Safran unterrühren und mit Salz abschmecken.
- Fett in einer Pfanne erhitzen.
- Pfannkuchen darin ausbacken.
- Mit dem Spargel belegen, zusammenfalten und mit der Safrancreme überziehen.

Pfannkuchen mit Chicorée in Orangencreme

1.	1	Port.	Pfannkuchenteig (siehe Seite 167)
		—	
2.	200	gr.	Wasser
		Saft	einer Zitrone
	3 - 4	St.	Chicorée – geputzt, gewaschen, halbiert, den bitteren Strunk keilförmig herausgeschnitten und die Schnittflächen sofort mit dem Zitronensaft bestrichen
	3	Eßl.	Mascarpone (italienisches Rahmprodukt)
	6	Eßl.	Wasser
		Saft	einer 1/2 Orange
	1/2	Teel.	Cointreau (französischer Orangenlikör)
	1	Prise	Salz
			Butter oder Pflanzenfett bzw. -öl zum Ausbacken

1. Schritt:
- Pfannkuchenteig zubereiten (siehe Seite 167)

2. Schritt:
- Wasser in einem Topf zum Kochen bringen.
- Chicorée in ein Sieb oder einen Siebeinsatz geben.
- Über den heißen Wasserdampf hängen und mit Deckel versehen in ca. 1 - 2 Minuten weichgaren.
- Mascarpone und Wasser in einem separaten Topf erhitzen.
- Orangensaft und Cointreau unterrühren und mit Salz abschmecken.
- Fett in einer Pfanne erhitzen.
- Pfannkuchen darin ausbacken.
- Mit dem Chicorée belegen, zusammenfalten und mit der Orangencreme überziehen.

Sellerie mit Zitronenkruste

1.	400	gr.	Sellerie – geschält, in Scheiben geschnitten und mit dem
		Saft	einer 1/2 Zitrone eingerieben
	200	gr.	Wasser
		—	
2.	1	Prise	Salz
	60	gr.	Weizenmehl
	2	St.	Eier } verquirlt
	1	Prise	Salz, Pfeffer – gemahlen } verquirlt
	50	gr.	Vollkornbrösel – fein gemahlen } vermischt
			abgeriebene Schale von 1/2 Zitrone } vermischt
			Butter oder Pflanzenfett bzw. -öl zum Ausbacken

1. Schritt:
- Wasser in einem Topf erhitzen
- Sellerie hineingeben und in ca. 12 Minuten weichdünsten.

2. Schritt:
- Sellerie trockentupfen und leicht salzen.
- Im Mehl wälzen.
- Danach in den Eiern wenden.
- Beidseitig in die Zitronenbrösel legen.
- In heißem Fett goldgelb ausbacken.

Tofu mit Kräuterkruste

400	gr.	Tofu – in Scheiben geschnitten	1 - 3 Stunden eingelegt
80	gr.	Sojasauce (Shoyu oder Tamari)	
25	gr.	Wasser	
60	gr.	Weizenmehl	
2	St.	Eier	verquirlt
1	Prise	Salz	
1	Prise	Pfeffer – gemahlen	
50	gr.	Vollkornbrösel – fein gemahlen	vermischt
20	gr.	Kerbel – gewaschen, von den Stielen befreit und gehackt	
		Butter oder Pflanzenfett bzw. -öl zum Ausbacken	

- Tofuscheiben aus der Sojasauce nehmen.
- Im Mehl wälzen.
- Danach in den Eiern wenden.
- Beidseitig in die Kräuterbrösel legen.
- In heißem Fett „leicht schwimmend“ ausbacken.

Überbackenes	Seite

buxs®

feine vegetarische Küche

Überbackenes

Spinatpizza mit Austernpilzen

1.	175	gr.	Dinkel – fein gemahlen
	1	Prise	Salz
	100	gr.	Butterwürfel – gekühlt
	1	St.	Ei (kann auch weggelassen werden)
		—	
2.	300	gr.	Austernpilze – in kleine Fächer gezupft
	150	gr.	Steinchampignon – in feine Scheiben geschnitten
	1	Teel.	Knoblauch (zerdrückt)
	1-2	Eßl.	Sojasauce (Shoyu oder Tamari)
	1	Eßl.	Thymian – gewaschen, von den Stielen gezupft und gehackt
	2	Eßl.	Olivenöl
			Salz
		—	
3.	500	gr.	Blattspinat – gewaschen, grobe Stiele entfernt und den Rest in große Stücke gezupft
		—	
4.	100	gr.	Sahne
	150	gr.	Roquefort (französischer Schimmelkäse)
	50	gr.	Camembert
		—	
5.	50	gr.	Creme fraîche

1. Schritt:
- Dinkel, Salz, Butter und Ei gut verkneten (Handmixer, Knethaken).
- Im Kühlschrank eine Stunde ruhen lassen.
- In einer gefetteten Form oder einem gefetteten Backblech auswellen.
- Mit einer Gabel einstechen, damit der Teig beim Backen keine Blasen wirft.
- Bei 170 °C 8 Minuten vorbacken.

2. Schritt:
- Pilze, Knoblauch, Sojasauce und Thymian in Olivenöl scharf anbraten.
- Mit wenig Salz mild würzen (der noch verwendete Roquefort würzt stark nach!).

3. Schritt:
- Spinat dämpfen, bis er zusammenfällt; gut abtropfen lassen.
- Danach grob hacken.

4. Schritt:
- Sahne und Käse mit einem Mixstab oder in der Moulinette zu einem Guß pürieren.

5. Schritt:
- Auf den vorgebackenen Mürbteigboden Creme fraîche aufstreichen.
- Darauf den Spinat verteilen.
- Die Pilze darüber geben.
- Den Guß darauf verteilen.
- Bei 175 °C ca. 10 Minuten backen.

27
KODAK 5045
23
KODAK 5045
22
EB 100
27
27A
23
23A
22
22A

Hirseschnitte mit Auberginentalern

1.	600	gr.	Auberginen – gewaschen und in „Zebra-Streifen“ geschält
	2	Eßl.	Salz
2.	300	gr.	Wasser
	1	Teel.	gekörnte Brühe
	150	gr.	Hirse
	50	gr.	geriebener Gruyere (Schweizer Hartkäse)
	100	gr.	Mascarpone (italienisches Rahmprodukt)
			Salz
3.	60	gr.	Vollkorn-Semmelbrösel
	2	Eßl.	Senf – mittelscharf
		Saft	von 1 Zitrone
	20	gr.	Butterflöckchen
4.	60	gr.	Olivenöl
	2	St.	Knoblauchzehen – geschält und in Scheibchen geschnitten
	250	gr.	enthäutete Tomaten (Zubereitung siehe Seite 94+95) – in Scheiben
	125	gr.	Ziegen- oder Schafskäse – gewürfelt
			Basilikum – gewaschen und von den Stielen gezupft

1. Schritt:
- Auberginen in 1 cm-dicke Scheiben schneiden, kräftig salzen und 20 Minuten ziehen lassen.

2. Schritt:
- Wasser und Gemüsebrühe erhitzen.
- Hirse in die heiße Flüssigkeit einrühren.
- Einmal aufkochen lassen und unter geringster Hitze im geschlossenen Topf ca. 40 Minuten nachquellen lassen.
- Gruyere und Mascarpone untermischen und mit Salz abschmecken.
- Auf ein gefettetes Backblech streichen.

3. Schritt:
- Semmelbrösel, Senf und Zitronensaft vermischen.
- Auf der Hirse verteilen und mit den Butterflöckchen bestreuen.
- Bei 200 °C 15 Minuten backen.

4. Schritt:
- Die gesalzenen Auberginenscheiben abspülen und trockentupfen.
- Auberginen- und Knoblauchscheiben im Öl wenden.
- Erst die Knoblauchscheiben auf einem Backblech verteilen, darauf die Auberginenscheiben legen und bei 190 °C 12 Minuten backen.

Fertigstellung:
- Die gebackene Hirse wie dargestellt belegen.
- Das Ganze noch einmal bei 190 °C 5 Minuten überbacken.

Saucenempfehlung: Nußsauce oder Basilikumrahmsauce

Mangold-Tarte

1.	250	gr.	weichkochende Kartoffeln – geschält und gewürfelt	
	50	gr.	Mascarpone (italienisches Rahmprodukt)	
	20	gr.	Vollkorn-Semmelbrösel	
	20	gr.	Mandelgrieß	
	50	gr.	Dinkel – fein gemahlen	
			Salz, Muskatnuß – gerieben	
		—		
2.	60	gr.	Creme fraîche	Alles miteinander verrühren
	60	gr.	Tomatenmark	
	2	Teel.	Basilikum – fein gehackt	
	1/2	Teel.	Apfelessig	
	1	Teel.	Honig	
			Salz, Pfeffer	
		—		
3.	500	gr.	grüner oder roter Mangold – gewaschen, geputzt, die harten Teile der Stiele entfernt und den Rest in ca. 2 cm breite Streifen geschnitten	
	1	Eßl.	Butter	
	300	gr.	Tomaten – gewaschen, Stielansatz entfernt und in Scheiben geschnitten	
	250	gr.	Mozzarella (italienischer, halbweicher Käse) – in dünne Scheiben geschnitten	
			Salz	

1. Schritt:

- Kartoffeln in leicht gesalzenem Wasser in ca. 20 Minuten weichkochen.
- Durch eine Kartoffelpresse drücken oder mit dem Kartoffelstampfer drehend zerdrücken.
- Mit Mascarpone, Semmelbrösel, Mandelgrieß, Mehl, Salz und Muskat vermischen und rasch zu einem Teig verarbeiten (nicht zu lange, sonst wird er klebrig).
- In eine gefettete Form streichen und bei 180 °C 10 Minuten backen.

2. Schritt:

- Die verrührte Creme fraîche mit Salz und Pfeffer abschmecken und auf den vorgebackenen Kartoffelteig streichen.

3. Schritt:

- Mangold in der Butter dünsten, bis er weich zusammenfällt.
- Mit Salz abschmecken.
- Gedünsteten Mangold auf die aufgestrichene Creme fraîche verteilen.
- Darauf die Tomatenscheiben legen und mit Salz bestreuen.
- Als letztes den Mozzarella darauf verteilen.
- Bei 175 °C ca. 12 Minuten backen.

Frühlingszwiebel-Quiche

1.	1	Eßl.	gekörnte Gemüsebrühe
	500	gr.	Wasser
	250	gr.	Kichererbsen – heiß gewaschen
	1	Teel.	gekörnte Gemüsebrühe
		—	
2.	50	gr.	Mascarpone
	30	gr.	Weizen – feinst gemahlen
			Salz, Muskatnuß – gerieben
		—	
3.	500	gr.	Frühlingszwiebeln – geputzt, gewaschen und inkl. der knackigen Grünteile in 1 cm-lange Stücke geschnitten
	300	gr.	roter und gelber Paprika – gewaschen, Stielansatz und Kerngehäuse entfernt und den Rest in Streifen geschnitten
	30	gr.	Olivenöl
			Salz und Pfeffer
		—	
4.	10	gr.	Estragon } gewaschen und Blättchen von den Stielen gezupft
	25	gr.	Petersilie }
	3	gr.	Liebstöckel }
	70	gr.	Olivenöl
	10	gr.	Mandelmus (kann auch weggelassen werden)
			Salz, Pfeffer
		—	
5.	100	gr.	milder Schafs- oder Ziegenkäse, kleingewürfelt
	30	gr.	Pinienkerne – ohne Fett in der Pfanne leicht geröstet

1. Schritt:

- Gemüsebrühe im Wasser auflösen.
- Kichererbsen darin 12-15 Stunden einweichen und ankeimen lassen.
- Danach abspülen und mit neu angesetzter Gemüsebrühe in 30-40 Minuten weichkochen (Dampfdrucktopf ca. 20 Minuten).
- Abgießen, durch den Fleischwolf drehen oder mit der Reibe einer Küchenmaschine breiähnlich zerkleinern.

2. Schritt:

- Kichererbsen mit Mascarpone, Mehl, Muskat und Salz zu einem Teig verarbeiten.
- Auf ein gefettetes Backblech verteilen.
- Bei 175 °C 5 Minuten backen.

3. Schritt:

- Frühlingszwiebeln und Paprika im Olivenöl dünsten.
- Mit Salz und Pfeffer abschmecken.

4. Schritt:

- Kräuter mit Olivenöl und Mandelmus in der Moulinette oder mit einem Mixstab pürieren.
- Mit Salz und Pfeffer abschmecken.

5 . Schritt:

- Kräuterpaste auf den gebackenen Kichererbsenboden streichen.
- Das Zwiebel-Paprikagemüse darauf verteilen.
- Käse und Pinienkerne darüberstreuen.
- Bei 180 °C noch einmal 12 Minuten backen.

Maiskuchen mit dreierlei Paprika

1.	1	Teel.	gekörnte Gemüsebrühe	
	600	gr.	Wasser	
	20	gr.	Butter	
	150	gr.	Polenta (Maisgrieß)	
	1	Prise	Salz	
		—		
2.	250	gr.	gelber Paprika	gewaschen, halbiert, Stielansatz und innere Kernteile entfernt
	250	gr.	roter Paprika	
	250	gr.	grüner Paprika	
		—		
3.	60	gr.	Tomatenmark	
	1/2	Teel.	Honig	
	1/2	Teel.	Apfelessig	
	60	gr.	Creme fraîche	
	2	Teel.	Basilikum – gewaschen, von den Stielen gezupft und fein gehackt	
			Salz, Pfeffer	
		—		
4.	150	gr.	Roquefort-Käse	
	100	gr.	Sahne	

1. Schritt:
- Gemüsebrühe im Wasser auflösen und erhitzen.
- Butter, Polenta und Salz in die heiße Brühe glatt einrühren und unter Weiterrühren 5 Minuten kochen.
- Kochstelle abschalten und im geschlossenen Topf 45 Minuten quellen lassen.
- Danach auf ein gefettetes Backblech streichen.
- Bei 170 °C 8 Minuten backen.

2. Schritt:
- Paprika halbieren, auf ein Backblech setzen und im Backofen bei 200 °C backen, bis sie dunkle Flecken bekommen (ca. 20 Minuten).
- Danach aus dem Backofen nehmen und mit einem feuchten Tuch belegen.
- Wenn sie etwas abgekühlt sind, die Haut abziehen (bei den grünen Paprika naturgemäß etwas schwieriger).

3. Schritt:
- Aus Tomatenmark, Honig, Essig, Creme fraîche und Basilikum eine Creme rühren.
- Mit Salz und Pfeffer abschmecken.

4. Schritt:
- Roquefort und Sahne zu einem Guß glattrühren.

5. Schritt:
- Die Tomatencreme auf den Kuchenboden verteilen.
- Mit dem Paprika belegen.
- Den Guß darüber gießen.
- Bei 200 °C ca. 10 Minuten backen.

Zucchinikuchen mit geröstetem Leinsamen

1.	1	Teel.	gekörnte Gemüsebrühe	
	600	gr.	Wasser	
	20	gr.	Butter	
	150	gr.	Polenta (Maisgrieß)	
	1	Prise	Salz	
		—		
2.	30	gr.	Sauerampfer (ersatzweise Brunnenkresse)	gewaschen und
	20	gr.	Kerbel	von den Stielen gezupft
	70	gr.	Olivenöl	
			Salz und Pfeffer	
		—		
3.	750	gr.	Zucchini – heiß gewaschen und in ca. 1/2 cm dicke Scheiben geschnitten	
			Salz	
		—		
4.	10	gr.	Weizenstärke	
	100	gr.	Yoghurt	
	50	gr.	Creme fraîche	
		Saft	einer 1/2 Zitrone	
			Salz	
		—		
5.	30	gr.	Leinsamen	
	1	Teel.	Butter	

1. Schritt:
- Gemüsebrühe im Wasser auflösen und erhitzen.
- Butter, Polenta und Salz in die heiße Brühe glatt einrühren und unter Weiterrühren 5 Minuten kochen.
- Kochstelle abschalten und im geschlossenen Topf 45 Minuten quellen lassen.
- Danach auf ein gefettetes Backblech streichen.
- Bei 170 °C 8 Minuten vorbacken.

2. Schritt:
- Kräuter mit Olivenöl in der Moulinette oder mit einem Mixstab pürieren.
- Mit Salz und Pfeffer abschmecken.

3. Schritt:
- Zucchini mit wenig Wasser bißfest dämpfen.
- Leicht salzen und abtropfen lassen.

4. Schritt:
- Weizenstärke mit etwas Yoghurt glatt anrühren.
- Mit restlichem Yoghurt, Creme fraîche und Zitronensaft vermischen.
- Mit Salz abschmecken.

5. Schritt:
- Leinsamen in der Moulinette schroten.
- Mit Butter anrösten, bis er nussig duftet.

6. Schritt:
- Kräuter-Olivenöl-Paste auf den Maisboden streichen.
- Zucchini dachziegelartig darauflegen.
- Yoghurtguß darüber verteilen.
- Mit Leinsamen bestreuen.
- Bei 170 °C ca. 15 Minuten backen.

Die nachfolgenden Rezepte sind **Pasteten-Füllungen.**
Vollkorn-Pasteten erhalten SIe in Vollkornbäckereien, Naturkost- oder Reformhausfachgeschäften.

Artischocken-Pastete

1.	250	gr.	Kartoffeln – geschält und in kleine Würfelchen geschnitten
	20-40	gr.	Butter
	400	gr.	Artischockenherzen (aus dem Glas oder der Dose) – sofern sie nicht in Öl eingelegt sind, gut gewässert
	200	gr.	Tomaten – enthäutet (s. Seite 95), Samenkerne entfernt und Fruchtfleisch kleingewürfelt
		—	
2.	20	gr.	Reismehl (Vollkornreis – feinst gemahlen)
	1/2	Tasse	Wasser
	1	Eßl.	Petersilie – gewaschen, von den Stielen gezupft und gehackt
		—	
3.	4	St.	Vollkorn-Blätterteigpasteten

1. Schritt:
- Kartoffeln in der Butter braten, bis sie fast gar sind.
- Artischockenherzen abtropfen lassen, in kleine Würfel schneiden und zu den Kartoffeln geben.
- Die Tomatenwürfel ebenfalls dazugeben und mit Salz und Pfeffer abschmecken.

2. Schritt:
- Reismehl mit dem Wasser glattrühren, in das Gemüse einrühren und einmal aufkochen lassen. Danach von der Kochstelle nehmen und Petersilie unter das Gemüse mengen.

3. Schritt:
- Pasteten mit dem Gemüse füllen und dem Deckel bedecken.
- Bei 170 °C 5 Minuten backen.
- Das restliche Gemüse als Beilage reichen.

Broccoli-Sesam-Pastete

1.	600	gr.	Broccoli – die Röschen ganz kurz abgeschnitten und gewaschen. Die Stiele geschält und kleingeschnitten.
			Wasser, Salz
	50	gr.	Mascarpone (italienisches Rahmprodukt)
	1	Eßl.	Tahin (Sesammus)
		—	
2.	25	gr.	Reismehl (Vollkornreis – feinst gemahlen)
	1/2	Teel.	gekörnte Gemüsebrühe
	1/2	Tasse	Wasser
	250	gr.	Tomaten – enthäutet (siehe Seite 95), Samenkerne entfernt und Fruchtfleisch kleingewürfelt
			Salz, Muskatnuß – gerieben
	1	Eßl.	Basilikum – gewaschen, von den Stielen gezupft und gehackt.
		—	
3.	4	St.	Vollkorn-Blätterteigpasteten

1. Schritt:
- Broccoli-Röschen in wenig Wasser -leicht gesalzen- fast weichdämpfen.
- Stiele mit wenig, leicht gesalzenem Wasser weichdämpfen. Danach mit einem Mixstab oder in der Moulinette fein pürieren.
- Broccoliröschen und das Püree im Topf vermengen.
- Mascarpone und Tahin vermischen und zum Gemüse geben.

2. Schritt:
- Reismehl und Gemüsebrühe mit dem Wasser glatt anrühren, in das Gemüse einrühren und kurz aufkochen lassen. Danach von der Herdstelle nehmen.
- Die Tomatenwürfelchen dazugeben und mit Salz und Muskat abschmecken.
- Am Schluß Basilikum untermengen.

3. Schritt:
- Pasteten mit dem Gemüse füllen und dem Deckel bedecken.
- Bei 170 °C 5 Minuten backen.
- Das restliche Gemüse als Beilage reichen.

Die nachfolgenden Rezepte sind **Pasteten-Füllungen.**
Vollkorn-Pasteten erhalten Sie in Vollkornbäckereien, Naturkost- oder Reformhausfachgeschäften.

Wirsing-Pastete

1.	500	gr.	Wirsing – gewaschen und ganz klein geschnitten
	150	gr.	Karotten – geschält und klein gewürfelt
	20	gr.	Margarine
	50	gr.	Mascarpone
	1/2	Teel.	Koriander – gemahlen
2.	20	gr.	Reismehl (Vollkornreis – feinst gemahlen)
	100	gr.	Sahne
	1	Eßl.	Petersilie – gewaschen, von den Stielen gezupft und gehackt
			Salz, Muskatnuß – gerieben
3.	4	St.	Vollkorn-Blätterteigpasteten

1. Schritt:
- Wirsing und Karotten in Margarine anbraten und mit geringer Wasserzugabe weichdünsten.
- Mascarpone mit dem Koriander verrühren und zum Gemüse geben.

2. Schritt:
- Reismehl mit der Sahne glattrühren und unter Rühren zum Gemüse geben.
- Einmal aufkochen lassen und von der Kochstelle nehmen.
- Mit der Petersilie vermischen und mit Salz und Muskat abschmecken.

3. Schritt:
- Pasteten mit dem Gemüse füllen und dem Deckel bedecken.
- Bei 170 °C 5 Minuten backen.
- Das restliche Gemüse als Beilage reichen.

Pastete mit Pilzragout

1.	30	gr.	Zwiebeln – fein gewürfelt
	1	Eßl.	Butter
	500	gr.	Korallenpilze (Pom Pom blanc – siehe links) oder Steinchampignons – gewürfelt
2.	20	gr.	Reismehl (Vollkornreis – feinst gemahlen)
	100	gr.	Sahne
	1	Teel.	Thymianblättchen } gewaschen, von den Stielen
	1	Eßl.	Petersilie } gezupft und gehackt
	1	Teel.	rote Pfefferkörner
	1	Teel.	trockener Weißwein
		Salz	
3.	4	St.	Vollkorn-Blätterteigpasteten

1. Schritt:
- Zwiebeln in der Butter glasig dünsten.
- Pilze dazugeben und anbraten, bis sie goldbraun sind.

2. Schritt:
- Reismehl mit der Sahne glattrühren und zu den Pilzen geben.
- Unter Rühren einmal aufkochen lassen und von der Herdstelle nehmen.
- Kräuter, Pfeffer und Weißwein dazugeben und mit Salz abschmecken.

3. Schritt:
- Pasteten mit dem Gemüse füllen und dem Deckel bedecken.
- Bei 175 °C 5 Minuten backen.
- Das restliche Gemüse als Beilage reichen.

Austernpilzgratin mit Kräuterkruste

1.	300	gr.	Kartoffeln – gewaschen
			Salz
		—	
2.	200	gr.	Frühlingszwiebeln – geputzt, gewaschen und inkl. der knackigen Grünteile in ca. 1/2 cm-dicke Scheiben geschnitten
	1	Teel.	Margarine
			Salz und Pfeffer
		—	
3.	30	gr.	Zwiebeln – geschält und fein gewürfelt
	1		Knoblauchzehe – geschält und fein gehackt
	2	Eßl.	Margarine
	300	gr.	Austernpilze – gesäubert und in kleine Fächer gezupft
	150	gr.	Champignons – gesäubert und in Scheiben geschnitten
			Sojasauce, Salz, Thymian – fein geschnitten
		—	
4.	300	gr.	Lasagnesauce (Rezept 195 – siehe 4. Schritt)
	je 1	Teel.	Rosmarin, Thymian, Basilikum – gewaschen, von den Stielen gezupft und fein gehackt
		—	
5.	1	Eßl.	Margarine
	25	gr.	Vollkorn – Semmelbrösel
	je 1	Eßl.	Thymian, Basilikum – gewaschen, von den Stielen gezupft und fein gehackt
		—	
6.	80	gr.	milder Schafskäse – klein gewürfelt

1. Schritt:
- Kartoffeln mit der Schale weichkochen.
- Danach schälen bzw. pellen und in ca. 1 cm dicke Scheiben schneiden.
- Auf einem gefetteten Backblech im Backofen bei 180 °C backen, bis die Ränder hellbraun werden (ca. 15 Minuten). Danach leicht salzen.

2. Schritt:
- Frühlingszwiebeln mit der Margarine und wenig Wasser ca. 5 Minuten dünsten.
- Danach mit Salz und Pfeffer abschmecken.

3. Schritt:
- Zwiebeln und Knoblauch in wenig Margarine anbraten.
- Austernpilze, Champignons und restliche Margarine dazugeben.
- Scharf anbraten.
- Mit Sojasauce, Salz und Thymian abschmecken.

4. Schritt:
- Lasagnesauce zubereiten und mit den Kräutern verrühren.

5. Schritt:
- Margarine erhitzen und Semmelbrösel darin anrösten.
- Thymian und Basilikum unterrühren und von der Herdstelle nehmen.

Fertigstellung:
- eine gefettete Gratinform wie folgt füllen:
  - Kartoffelscheiben
  - Frühlingszwiebeln
  - Pilze
  - Kräutersauce
  - Schafskäse
  - Kräuterbrösel
- Das Ganze bei 180 °C ca. 10 Minuten backen.

Spargelgratin

1.	250	gr.	mehlig kochende Kartoffeln – geschält und gewürfelt
	15	gr.	Butter – bis zum Flüssigwerden erwärmt
		—	
2.	200	gr.	Blattspinat – geputzt und gewaschen
	70	gr.	Sahne
			Salz, Muskatnuß – gerieben
		—	
3.	500	gr.	Spargel – geschält und holzige Schnittstellen entfernt
		—	
4.	1/2	Eßl.	Butter
	1/2	Eßl.	Dinkelmehl 1050er
	100	gr.	Milch
	50	gr.	Sahne
			Salz, Pfeffer
		—	
5.	30	gr.	Parmesan (italienischer Hartkäse) – gerieben

1. Schritt:
- Kartoffeln in leicht gesalzenem Wasser weichkochen, anschließend abgießen und abtropfen lassen.
- Durch eine Kartoffelpresse drücken oder mit dem Kartoffelstampfer drehend zerdrücken.
- Mit der flüssigen Butter zu einem Brei verarbeiten.

2. Schritt:
- Spinat mit wenig Wasser weichgaren und anschließend abtropfen lassen.
- Mit der Sahne in der Moulinette oder mit einem Mixstab fein pürieren.
- Mit dem Kartoffelbrei vermengen und mit Salz und Muskat abschmecken.

3. Schritt:
- Spargel mit Wasser bedecken und weichkochen.

4. Schritt:
- Butter im Topf erwärmen.
- Mehl dazugeben und unter Rühren erhitzen, ohne daß sich die Farbe verändert.
- Von der Herdstelle nehmen.
- Milch nach und nach einrühren und glattrühren.
- Wieder auf die Herdplatte stellen.
- Unter Weiterrühren zum Kochen bringen und unter reduzierter Hitze 10 Minuten köcheln lassen.
- Dann die Sahne einrühren.
- Mit Salz und Pfeffer abschmecken.

5. Schritt:
- Kartoffel-Spinatpüree in eine gefettete Gratinform füllen.
- Spargel darauf verteilen.
- Sauce darübergießen und mit Parmesan bestreuen.
- Bei 175 °C ca. 5 Minuten überbacken.

Mangoldrolle mit Hirse

1.	130	gr.	Hirse – heiß gewaschen
	260	gr.	Wasser
		—	
2.	6	St.	große grüne oder rote Mangoldblätter (ca. 300 gr.) – gewaschen
			Salz
	150	gr.	Tomaten – enthäutet (siehe Seite 95)
		—	
3.	100	gr.	Mascarpone (italienisches Süßrahmprodukt)
	1	Eßl.	Basilikumblättchen – gewaschen und in kleine Stückchen gezupft
			Salz, Muskatnuß – gerieben
		—	
4.	20	gr.	Butter – bis zum Flüssigwerden erwärmt

1. Schritt:
- Hirse und Wasser zum Kochen bringen und bei geringer Wärmezufuhr ca. 40 Minuten quellen lassen.

2. Schritt:
- Mangoldblätter mit wenig gesalzenem Wasser weichgaren.
- Abtropfen lassen und mit einem Küchenkrepp trockentupfen.
- Stiele V-förmig herausschneiden und diese fein würfeln.
- Tomaten halbieren und die Samenkerne entfernen.
- Tomaten fein würfeln.

3. Schritt:
- Hirse, Tomaten- und Mangoldstielwürfelchen, Mascarpone und Basilikum vermengen.
- Mit Salz und Muskat abschmecken.

4. Schritt:
- Hirsefüllung auf die Mangoldblätter verteilen.
- Blätter seitlich einschlagen und aufrollen.
- Mit der Nahtstelle nach unten in eine gefettete Gratinform setzen.
- Mit Butter bestreichen und bei 170 °C ca. 5 Minuten backen.

Saucenvorschlag: Safransauce

Fenchelschiffchen im Kartoffelbett

1.	250	gr.	mehligkochende Kartoffeln – geschält und gewürfelt
	25	gr.	Butter – bis zum Schäumen erhitzt
			Salz
		—	
2.	4	St.	Fenchelknollen (ca. 400 gr.) – die äußeren, harten Schalen entfernt und das zarte Fenchelgrün fein gehackt.
	10	gr.	Margarine
		—	
3.	100	gr.	Buchweizen
	1/2	Teel.	gekörnte Gemüsebrühe
		—	
4.	100	gr.	Karotten – geschält und fein gewürfelt
	1	Eßl.	Margarine
	1	Eßl.	Petersilie – gewaschen und fein gehackt
	25	gr.	Sonnenblumenkerne – angeröstet und grob gehackt
	50	gr.	Creme fraîche (Französischer Sauerrahm)
	50	gr.	Gruyère (Schweizer Hartkäse) – gerieben
			Salz
		—	
5.	10	gr.	Butterflöckchen
	30	gr.	Gruyère – gerieben

1. Schritt:
- Kartoffeln in leicht gesalzenem Wasser weichkochen; anschließend abgießen und abtropfen lassen.
- Durch eine Kartoffelpresse drücken oder mit dem Kartoffelstampfer drehend zerdrücken.
- Mit der flüssigen Butter zu einem lockeren Brei verarbeiten und mit Salz abschmecken.

2. Schritt:
- Fenchel so halbieren, daß zwei flache Hälften entstehen.
- Das Innere (etwa 1/4 des Fenchel) herauslösen und würfeln.
- Fenchelhälften mit Margarine und wenig Wasser weichdünsten.

3. Schritt:
- 500 gr. Wasser zum Kochen bringen.
- Buchweizen hineingeben und ca. 60 Sekunden mitkochen.
- Das Kochwasser abgießen und den Buchweizen abspülen.
- Nochmals 300 gr. Wasser mit der Gemüsebrühe zum Kochen bringen, den Buchweizen wiederum hineingeben und 5 Minuten kochen lassen.
- Danach von der Herdstelle nehmen und im geschlossenen Topf 10 Minuten nachquellen lassen.

4. Schritt:
- Fenchelwürfel und Karottenwürfel in Margarine anbraten.
- Mit dem Buchweizen, Petersilie, Fenchelgrün, Sonnenblumenkernen, Creme fraîche, Gruyère und 2 Eßl. Kartoffelbrei vermengen.
- Mit Salz abschmecken und in die Fenchelhälften verteilen.

5. Schritt:
- Restlichen Kartoffelbrei in eine Gratinform geben.
- Fenchelschiffchen daraufsetzen und mit Gruyère und Butterflöckchen bestreuen.
- Bei 180 °C ca. 10 Minuten backen.

Saucenvorschlag: Käsesauce

Gurke mit Selleriepüree

1.	250	gr.	mehligkochende Kartoffeln – geschält und gewürfelt
	250	gr.	Sellerie – geschält und gewürfelt
	100	gr.	Sahne
	80	gr.	Karotten – geschält und gestiftet
	1	Teel.	Margarine
	1	Teel.	Zitronensaft
	1	Teel.	Dill – gehackt
			Salz
			—
2.	2-4	St.	Gurken (ca. 600 gr.) – heiß gewaschen
	20	gr.	Butter – bis zum Flüssigwerden erwärmt

1. Schritt:
- Kartoffeln und Sellerie in leicht gesalzenem Wasser weichkochen, danach abgießen und abtropfen lassen.
- Mit der Sahne vermengen und einem Mixstab oder in der Moulinette fein pürieren.
- Karotten in der Margarine andünsten und mit dem Püree vermengen.
- Zitronensaft und Dill dazugeben und mit Salz abschmecken.

2. Schritt:
- Gurken längs halbieren, Kerne ausschaben und mit wenig Wasser bißfest dämpfen.
- Danach abtropfen lassen, leicht salzen und mit dem Selleriepüree füllen (mit einem Löffel oder Spritzbeutel).
- In eine gefettete Gratinform setzen und Gurken und Füllung mit flüssiger Butter bestreichen.
- Bei 175 °C 5-8 Minuten backen.

Saucenvorschlag: Dillrahmsauce

Kartoffel mit Avocadofüllung

1.	9	St.	mittelgroße Kartoffeln – in warmem Wasser sauber gebürstet
		—	
2.	250	gr.	Avocado – fein gewürfelt } gleich miteinander vermengen
		Saft	einer 1/2 Zitrone } gleich miteinander vermengen
	200	gr.	körniger Frischkäse
	150	gr.	Sahne
	2	Eßl.	trockener Weißwein – bevorzugt Noilly Prat
	25	gr.	Brunnenkresse } gewaschen und ohne Stiele kleingehackt
	15	gr.	Petersilie } gewaschen und ohne Stiele kleingehackt
	15	gr.	Dill } gewaschen und ohne Stiele kleingehackt
	1	Eßl.	rote Pfefferkörner (aus dem Glas oder aus der Dose)
			Salz

1. Schritt:
- Kartoffeln kreuzweise einritzen und im Backofen bei 250 °C ca. 40-50 Minuten backen.

2. Schritt:
- Danach von der Kartoffel einen Deckel abschneiden und die Kartoffel mit einem Löffel teilweise aushöhlen.
- Das aus der Kartoffel und dem Deckel herausgeschabte Kartoffelfleisch mit 1/3 der Avocadowürfel zerdrücken.
- Die zerdrückte Kartoffel-Avocadomischung mit den anderen Zutaten vermengen und mit Salz abschmecken.
- In die ausgehöhlte Kartoffel füllen und bei 175 °C ca. 5 Minuten backen.

Saucenvorschlag: Pfefferrahmsauce

Desserts Seite

Kuchen

buxs®

feine vegetarische Küche

Desserts + Kuchen

Himbeermark in Mascarponeschaum

1.	150	gr.	Mascarpone
	200	gr.	Magerquark
	80	gr.	Sahne
	80	gr.	Milch
	40	gr.	Honig
	1	Msp	BourbonVanille gemahlen
		—	
2.	200	gr.	Himbeeren
	15	gr.	Mineralwasser – kohlensäurehaltig
	15	gr.	Honig
	1	Msp.	Agar-Agar-Pulver

1. Schritt:
- Die Mascarpone – Zutaten (Mascarpone bis Vanille – alles möglichst kalt) miteinander verrühren und mit einem Schneebesen (Handmixer) schaumig aufschlagen.

2. Schritt:
- Himbeeren mit Mineralwasser sämig pürieren und durch ein Passiersieb (Haarsieb) streichen.
- Mit Honig verrühren und erhitzen. Dabei öfter umrühren.
- AgarAgar in etwas kaltem Wasser glattrühren und in das inzwischen heiße Himbeermark einrühren.
- Einmal aufkochen lassen, von der Kochstelle nehmen und abkühlen lassen.

3. Schritt:
- Mascarponeschaum und Himbeermark in abwechselnden Schichten in eine Schüssel oder Dessertschale füllen.

25
25
KODAK 5045
25A

Mohndessert mit beschwipsten Kirschen

1.	200	gr.	Milch
	75	gr.	Honig
	50	gr.	Mohn – frisch gemahlen (in eigener Mühle oder im Fachgeschäft)
	25	gr.	Weizenvollkorngrieß
	25	gr.	Sultaninen – heiß gewaschen, 2–4 Stunden eingeweicht und in der Moulinette mit etwas Einweichwasser püriert.
		—	
2.	180	gr.	Sauerkirschen – heiß gewaschen und entsteint
	35	gr.	Sauerkirschsaft
	20	gr.	Honig
	10	gr.	Rotwein
	5	gr.	Weizenstärke
	1	Essl.	Kirschwasser
		—	
3.	40	gr.	Mascarpone
	75	gr.	Magerquark
	75	gr.	kalte Sahne
	15	gr.	kohlesäurehaltiges Mineralwasser

1. Schritt:
- Milch/Honig mischen und erhitzen.
- Mohn und Grieß mischen und klümpchenfrei in die heiße Milch einrühren.
- Aufkochen lassen und unter ständigem Weiterrühren zu einem dicken Brei kochen.
- Danach von der Kochstelle nehmen, mit den Sultaninen vermengen und abkühlen lassen.

2. Schritt:
- Kirschen, Saft, Honig und Rotwein vermischen und erhitzen.
- Weizenstärke mit etwas Wasser glatt anrühren.
- In die heißen Kirschen einrühren und aufkochen lassen. Danach von der Kochstelle nehmen und kalt werden lassen.

3. Schritt:
- Mascarpone, Quark, Sahne und Mineralwasser vermengen.
- Mit dem Schneebesen (Handmixer) schaumig aufschlagen und mit der Mohnmasse vermengen.

4. Schritt:
- Mohncreme und Kirschen vermengen oder separat anrichten.

Feiner Sahnequark mit Früchten

1.	200	gr.	Sahne
	200	gr.	Magerquark
	50	gr.	Mineralwasser – kohlensäurehaltig
	50	gr.	Honig
		—	
2.	100	gr.	Bananen – geschält, längsgeviertelt und gewürfelt
	150	gr.	Birnen – geschält, Kerngehäuse entfernt und gewürfelt.
	25	gr.	Mandelstifte in der Pfanne geröstet
	1	Msp.	Bourbon-Vanille

1. Schritt:
- Sahne, Quark, Mineralwasser (alles möglichst kalt) und Honig über 15 Minuten mit dem Schneebesen (Handmixer) schlagen, bis die Masse ganz locker ist.

2. Schritt:
- Bananen, Birnen, Mandeln und Vanille vorsichtig unter den Sahnequark heben.

Dinkelschaum mit Champagner-Pfirsichen

1.	250	gr.	Milch	
	45	gr.	Honig	
	50	gr.	Dinkel – feinst gemahlen	gut vermischen
	20	gr.	Kartoffelstärke	
		—		
2.	60	gr.	Champagner	
	20	gr.	Honig	
	7	gr.	Kartoffelstärke	
	50	gr.	Mineralwasser kohlensäurehaltig	
	250	gr.	Pfirsiche (oder Nektarinen) heiß gewaschen, entsteint und gewürfelt	
	1	Msp.	Zimt	
		—		
3.	100	gr.	kalte Sahne	

1. Schritt:
- Milch und Honig erhitzen.
- Dinkelgemisch mit dem Schneebesen zügig einrühren.
- Zum Kochen bringen und bei reduzierter Hitze unter ständigem Rühren 10 Minuten köcheln lassen.

2. Schritt:
- Champagner und Honig erhitzen.
- Kartoffelstärke und Mineralwasser glatt anrühren, in den heißen Champagner einrühren und unter Weiterrühren aufkochen lassen.
- Pfirsiche und Zimt untermengen, von der Herdstelle nehmen und kalt werden lassen.

3. Schritt:
- Die kalte Dinkeicreme mit einem Schneebesen glattrühren.
- Sahne steif schlagen und vorsichtig unterheben.
- Abwechselnd – lagenweise Dinkelschaum und Champagnerpfirsiche einfüllen.
- Als oberste Schicht Champagnerpfirsiche.
- Mit einem Löffel leicht durchziehen (marmorieren).
- Alternative: anrichten wie links abgebildet.

Aprikosen-Dessert

1.	500	gr.	Aprikosen – heiß gewaschen, entsteint und gewürfelt
	50	gr.	Rohrohrzucker
	1/2	Teel.	Zimt
	25	gr.	Weizen – fein gemahlen
	3	Essl.	Aprikosen oder sonstiger Obstschnaps

—

2.	80	gr.	Mascarpone
	120	gr.	kalte Sahne

1. Schritt:
- Aprikosen weich dünsten – dabei mit dem Rohrohrzucker und dem Zimt vermengen.
- Weizenmehl kräftig einrühren, so daß keine Klümpchen entstehen.
- Unter Weiterrühren 3 Minuten köcheln lassen.
- Danach von der Kochstelle nehmen, mit dem Schnaps vermischen und kalt werden lassen.

2. Schritt:
- Mascarpone und Aprikosen vermengen.
- Sahne steif schlagen und vorsichtig unter das Dessert heben.

Zwetschgen-Ingwer-Creme

Die Zutaten und die Zubereitung entsprechen dem obigen Aprikosen-Dessert.
Ersetzen Sie lediglich die Aprikosen durch Zwetschgen, den Zimt durch einen 1/2 Teel. frisch geriebenen Ingwer und den Aprikosenschnaps durch Zwetschgenschnaps.

Erdbeer-Schaum

1.	250	gr.	Milch
	80	gr.	Honig
	25	gr.	Dinkel – feinst gemahlen
	15	gr.	Kartoffelstärke
		—	
2.	300	gr.	Erdbeeren – gewaschen und geputzt
			Saft von 1/2 Zitrone
		—	
3.	100	gr.	kalte Sahne

1. Schritt:
- Milch und Honig erhitzen.
- Dinkel und Kartoffelstärke mit etwas Milch glatt anrühren und in die lauwarme Milch einrühren.
- Unter Weiterrühren zum Kochen bringen und (weiterrührend) ca. 5 Minuten köcheln lassen.
- Danach von der Kochstelle nehmen und abkühlen lassen.

2. Schritt:
- Erdbeeren mit Zitronensaft in der Moulinette oder mit einem Mixstab pürieren.
- Unter den warmen Dinkelbrei mischen und kalt stellen.

3. Schritt:
- Sahne steif schlagen und vorsichtig unter das Dessert heben.

Reisschaum mit eingelegten Orangenfilets

1.	75	gr.	Orangenfilets – Zubereitung siehe links
	20	gr.	Contreau (französischer Orangenlikör)
		—	
2.	400	gr.	Milch
	1	Prise	Salz
	50	gr.	Honig
	1	Msp.	Bourbon-Vanille gemahlen
	75	gr.	Vollkornreis – fein gemahlen
			abgeriebene Schale von 1/4 Zitrone
		—	
3.	125	gr.	kalte Sahne

1. Schritt:
- Orangenfilets mit dem Contreau vermengen und zugedeckt 4–5 Stunden im Kühlschrank ziehen lassen.

2. Schritt:
- 2/3 der Milch, Salz, Honig, Vanille und Zitronenschale erhitzen.
- Das Reismehl in der restlichen kalten Milch glatt anrühren und in die heiße Milch einrühren.
- Aufkochen lassen und unter ständigem Weiterrühren 5 Minuten köcheln lassen.
- Danach von der Kochstelle nehmen und kalt werden lassen.

3. Schritt:
- Die kalte Reismasse mit 50 gr. Sahne glattrühren (Schneebesen/Handmixer).
- Die Orangenfilets dritteln und daruntermengen.
- Die restliche Sahne steif schlagen und vorsichtig unterheben oder alternativ anrichten wie links abgebildet.

Carob-Mousse

1.	250	gr.	Sahne
	75	gr.	Milch
	50	gr.	Honig
		—	
2.	45	gr.	Carob
	40	gr.	Weizenstärke
	100	gr.	Milch
		—	
3.	100	gr.	Sahne

1. Schritt:
- Sahne, Milch und Honig erhitzen.

2. Schritt:
- Carob, Weizenstärke und Milch mit einem Mixstab oder in der Moulinette glattrühren.
- Angerührtes Carob in die erhitzte Milch einrühren, unter ständigem Umrühren zum Kochen bringen und so lange köcheln lassen bis die Masse eindickt bzw. stockt.
- Danach von der Kochstelle nehmen und in einem kalten Wasserbad (z. B. im Spülbecken) kaltrühren.
  Ohne dieses Kaltrühren kann es sein, daß die Masse über bestimmte Honig-Reaktionen wieder flüssig wird.

3. Schritt:
- Die erkaltete Carobcreme mit einem Schneebesen glattrühren (nicht schlagen).
- Sahne steif schlagen und vorsichtig in die Masse unterheben.

Maispudding mit gerösteten Mandeln

1.	25	gr.	Polenta (Maisgrieß)
	1	Eßl.	Margarine
	300	gr.	Milch
	25	gr.	Maisstärke
	40	gr.	Honig
	1	Msp.	Bourbon-Vanille, gemahlen
			ein paar Körnchen Salz

—

2.	50	gr.	Mandelstifte
	1/2	Teel.	Margarine
	1	Teel.	Honig
	1	Prise	Zimt

—

3.	150	gr.	kalte Sahne

1. Schritt:
- Polenta mit Margarine anrösten bis sie nussig duftet.
- 200 gr. Milch mit Honig, Vanille und Salz erhitzen.
- Maisstärke mit restlicher Milch glatt anrühren.
- Stärke und Polenta in die heiße Milch einrühren und aufkochen lassen.
  Dabei kräftig umrühren, damit keine Klümpchen entstehen.
- Danach unter stark reduzierter Hitze 20 Minuten quellen lassen.
- Von der Kochstelle nehmen.

2. Schritt:
- Mandeln mit Margarine, Honig und Zimt hellbraun rösten.
- Mit dem warmen Pudding vermengen und kalt werden lassen.

3. Schritt:
- Sahne steif schlagen und vorsichtig unter den Maispudding unterheben.

Maronen-Dessert

1.	45	gr.	getrocknete Maronen (Eßkastanien)
		—	
	100	gr.	Milch
2.	150	gr.	Sahne
	20	gr.	Weizenstärke
	60	gr.	Honig
		—	
3.	150	gr.	kalte Sahne
	5	gr.	Kakao

1. Schritt:
- Maronen 30 Minuten im Dampfdrucktopf (Wasserstand 5 cm über den Maronen) garen oder auf dem Herd 2 Stunden köcheln lassen.
- Abgießen und abkühlen lassen.
- Durch den Fleischwolf drehen.

2. Schritt:
- Stärke mit etwas Milch anrühren.
- Restliche Milch, Sahne, Honig und angerührte Stärke zum Kochen bringen.
- In das Milch-Sahne-Gemisch die Maronenmasse mit einem Mixer einrühren und abkühlen lassen.

3. Schritt:
- Sahne steif schlagen und vorsichtig unterheben.
- 1/4 der fertigen Menge mit dem Kakao bestäuben und vorsichtig unterheben.
- Beide Massen leicht untereinander ziehen, so daß eine Marmorierung entsteht.

Feine Apfel-Grütze

1.	500	gr.	säuerliche Äpfel (z. B. Boskop) – geschält, Kerngehäuse entfernt und gewürfelt
	150	gr.	Apfelsaft
	25	gr.	Sultaninen – heiß gewaschen
			Saft und abgeriebene Schale von einer unbehandelten Zitrone
	25	gr.	Honig
	2	Eßl.	Grappa (italienischer Tresterschnaps)
		—	
2.	15	gr.	Tapioka gemahlen

1. Schritt:
- Apfelstücke mit dem Apfelsaft, Sultaninen, Zitrone und Honig dünsten, bis sie weich sind, aber nicht zerfallen.
- Früchte abtropfen lassen, mit dem Grappa vermengen und 1 Stunde bedeckt stehen bzw. ziehen lassen.

2. Schritt:
- Abtropfsaft erneut erhitzen, das Tapioka langsam einrieselnd einrühren, aufkochen und unter Weiterrühren 5 Minuten köcheln lassen.
- Mit einem Mixstab glatt pürieren, von der Kochstelle nehmen und abkühlen lassen.
- Früchte mit der warmen Fruchtsauce vermengen und kalt werden lassen.

Beeren-Grütze

100	gr.	Orangensaft
50	gr.	Honig
40	gr.	Tapioka gemahlen (Rohstoffhinweis S. 235)
400	gr.	gemischte Beeren (Heidelbeeren, Johannisbeeren, Himbeeren, Brombeeren)

Zubereitung:
- Orangensaft und Honig erhitzen.
- Tapioka in die heiße Flüssigkeit langsam einrieselnd einrühren.
- Zum Kochen bringen, unter Weiterrühren 5 Minuten köcheln lassen und mit einem Mixstab glatt pürieren.
- Die Beeren untermischen, von der Kochstelle nehmen und abkühlen lassen.

Mango-Ananas-Grütze

1.	100	gr.	Birnensaft
	25	gr.	Honig
	15	gr.	Tapioka – gemahlen (Rohstoffhinweis S. 235)
		Saft	von 1 Limone
		—	
2.	200	gr.	Mangofruchtfleisch in Würfel geschnitten
	200	gr.	Ananasfruchtfleisch in Würfel geschnitten

1. Schritt:
- Birnensaft, Limonensaft und Honig erhitzen.
- Tapioka in die heiße Flüssigkeit langsam einrieselnd einrühren.
- Zum Kochen bringen, unter Weiterrühren 5 Minuten köcheln lassen und mit einem Mixstab glatt pürieren.

2. Schritt:
- Die Früchte darin vermengen und im geschlossenem Topf 2 Minuten weiterköcheln lassen.
- Danach von der Kochstelle nehmen und abkühlen lassen.

Orangen-Grapefruit-Grütze mit Campari

200	gr.	Orangensaft – möglichst von Blutorangen
50	gr.	Honig
40	gr.	Tapioka – gemahlen
250	gr.	Orangenfilets (Zubereitung siehe S. 216)
50	gr.	Grapefruitfilets
2	Eßl.	Campari (italienischer Kräuterlikör)

1. Schritt:
- Orangensaft und Honig erhitzen.
- Tapioka in die heiße Flüssigkeit langsam einrieselnd einrühren.
- Zum Kochen bringen und unter Weiterrühren 5 Minuten köcheln lassen.
- Von der Kochstelle nehmen und mit einem Mixstab glatt pürieren.

2. Schritt:
- Die Fruchtfilets halbieren und mit der heißen Fruchtsauce vermengen.
- Mit dem Campari vermischen und abkühlen lassen.

Mürbteig Grundrezept

250	gr.	Dinkel – fein gemahlen
1	Prise	Meersalz
	abgeriebene Schale von 1/2 unbehandelten Zitrone	
150	gr.	Butterwürfel (gekühlt)
1/2	St.	Ei (kann auch weggelassen werden)
50	gr.	Honig

Margarine zum Ausfetten des Kuchenblechs

1. Schritt:
- Dinkel, Salz und Zitronenschale gut vermischen.
- Mehlgemisch mit Butter, Ei und Honig gut verkneten (Handmixer/Knethaken).
- Danach den Teig im Kühlschrank 1 Stunde ruhen lassen.

2. Schritt:
- Kuchenblech mit Margarine ausfetten.
- Teig darauf auswellen.
- Mit einer Gabel einstechen, damit er beim Backen keine Blasen wirft.
- Vor dem Belegen mit Obst immer bei 180° C 10 Minuten vorbacken.

Apfelkuchen –natur–

2000	gr.	säuerliche Äpfel – geschält, Kerngehäuse entfernt und geachtelt
1 1/2	Essl.	Butter
	Saft	von 2 Zitronen
1/2	Teel.	Vanille
50	gr.	Honig
25	gr.	Sultaninen – heiß gewaschen
50	gr.	gehackte Mandeln
25	gr.	Butterflocken
25	gr.	Mandelblättchen

1. Schritt:
- Äpfel mit Butter, Zitronensaft, Honig und Vanille vermengt in 1/2 Tasse Wasser halb-weich dünsten.
- Kurz vor dem Garende die Sultaninen beigeben.

2. Schritt:
- Auf dem vorgebackenen Mürbteigboden die Mandeln verteilen.
- Die Äpfel daraufgeben.
- Bei 180°C 15 Minuten backen.
- Aus dem Ofen nehmen und die Butterflocken und Mandelblättchen darauf verteilen.
- Nochmals bei gleicher Hitze 5 Minuten backen.

Apfelkuchen mit Rahmguß

1.	1 000	gr.	Äpfel geschält, Kerngehäuse entfernt und geachtelt
	1 1/2	Essl.	Butter
		Saft	von einer Zitrone
2.	500	gr.	Sahne
	75	gr.	Weizenstärke
	65	gr.	Honig
			abgeriebene Schale und Saft von 1 unbehandelten Zitrone
	5	Stck.	Eier HKl. II
3.	1 1/2	Essl.	Aprikosenmarmelade (Aprikosenmark) – mit etwas heißem Wasser sämig püriert

1. Schritt:
- Äpfel mit Butter, Zitronensaft und 1/2 Tasse Wasser halb-weich andünsten.

2. Schritt:
- Die restlichen Zutaten mit dem Pürierstab vermischen.

3. Schritt:
- Die Äpfel abgießen und auf dem Kuchenboden verteilen.
- Den Rahmguß darüber gießen.
- Bei 175°C 40 Minuten und nochmals bei 150°C 30 Minuten backen.
- Am Schluß die Aprikosenmarmelade erwärmen und dünn auf den Kuchen pinseln.

Rhabarberkuchen mit Kokosguß

1.	1 000	gr.	Rhabarber – heiß gewaschen, Fäden abgezogen und in 3 cm lange Stücke geschnitten
	180	gr.	Sahne
	125	gr.	Kokosmilch (erhältlich in asiatischen Geschäften)
	75	gr.	Weizenstärke
	125	gr.	Honig
			abgeriebene Schale von einer ungespritzten Orange
	4	Stck.	Eier HKl. II
	3	Eßl.	Grappa (italienischer Tresterschnaps)
		—	
2.	60	gr.	Kokosraspel
	40	gr.	Rohrohrzucker
		—	
3.	3	Eßl.	Aprikosenmarmelade (Aprikosenmark) – mit etwas heißem Wasser sämig püriert

1. Schritt:
- Sahne, Kokosmilch, Stärke, Honig, Orangenschale, Eier und Grappa mit einem Schneebesen (Handmixer) verquirlen.

2. Schritt:
- Kokosraspel mit dem Rohrohrzucker vermengen und auf dem vorgebackenen Mürbteigboden verteilen.
- Den Rhabarber darübergeben
- Den Rahmguß darüber gießen.
- Bei 180°C 40 Minuten und nochmals bei 150°C 30 Minuten backen.

3. Schritt:
- Am Schluß die Aprikosenmarmelade dünn auf dem noch heißen Kuchen aufpinseln.

Zwetschgen Kuchen

1.	125	gr.	Zwieback-Brösel
	50	gr.	Rohrohrzucker
	1/2	Teel.	Vanille
		—	
2.	1 500	gr.	Zwetschgen – heiß gewaschen, entsteint und halbiert
		—	
3.	2	gr.	Zimt
	12	gr.	Rohrohrzucker

1. Schritt:
- Zwieback, Rohzucker und Vanille gut vermischen und auf dem vorgebackenen Mürbteig verteilen.

2. Schritt:
- Darauf die Zwetschgenhälften aufrecht stellen.

3. Schritt :
- Zimt und Rohzucker in der Moulinette fein miteinander vermischen und auf die Zwetschgen streuen.
- Bei 185°C 25 Minuten backen.

- Alle Rezepte in diesem Buch sind für 2–4 Personen berechnet – je nach Appetit und je nachdem, ob sie als Beilage oder Hauptgericht zubereitet werden.

- Die Gewichtsangaben der Gemüse und Früchte sind Netto-Gewichte geschälter bzw. geputzter Ware.
  Dementsprechend gelten sie auch für Tiefkühlware.

- Bei der in den Rezepten angegebenen, gekörnten Gemüsebrühe handelt es sich um eine relativ salzarme Sorte.
  Bei Gemüsebrühen mit hohem Salzanteil reduzieren Sie bitte die zusätzliche Salzzugabe entsprechend.

- Frische Kräuter sollten in der Regel nach dem Kochen der übrigen Zutaten beigegeben werden.
  Getrocknete Kräuter können am Schluss kurz mitgekocht werden, damit sie sich aufschließen und ihr Aroma entfalten.

- Als Bindemittel ist in den meisten Rezepten Reismehl angegeben, womit feinstgemahlener Vollkornreis gemeint ist.
  Hierfür empfiehlt sich, wie generell für die feine, vegetarische Küche, die Anschaffung einer Getreidemühle.
  Sie können natürlich auch andere Mehle oder Speisestärke verwenden.
  Mit letzterer werden die Gerichte zwar etwas heller und cremiger, der gesundheitliche Wert ist aber natürlich mit Vollkorn-mehlen höher.

- Alle aufgeführten Zutaten bekommen Sie in der Regel in gut sortierten Naturkost- und Reformhaus-Fachgeschäften.

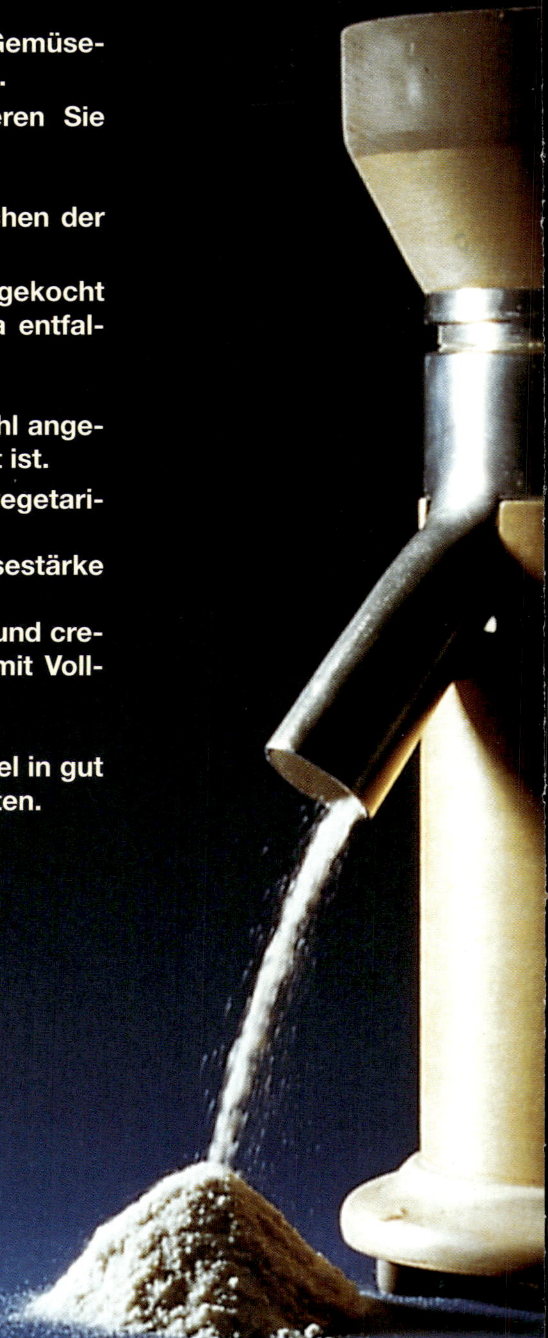

Dessert-Hinweise:

- Wenn Sie zum Binden/Eindicken gleichzeitig Stärke und Honig verwenden, erhitzen Sie bitte den Honig mit.

  Wenn Sie nachträglich mit Honig süßen, neigen stärkehaltige Desserts aufgrund enzymatischer Prozesse zum Dünnwerden.

- Cremedesserts können Sie auch als Parfaits (Halbgefrorenes) servieren, indem Sie sie im Tiefkühlfach etwas "anziehen" lassen.

- Tapioka ist ein in Asien weitverbreitetes, stärkehaltiges Bindemittel aus der Wurzelknolle der Maniok-Pflanze.

- Agar-Agar ist ein Binde- bzw. Geliermittel aus Rotalgen, welches Gelatine ersetzt.

- Carob ist ein von Natur aus süßes, kakaoähnliches Pulver, das aus der gemahlenen Frucht des Johannisbrotbaumes hergestellt wird.

Verschiedene Gar-Methoden:

- Backen: Garen im Backofen. Die angegebenen Garzeiten beziehen sich auf einen vorgeheizten Elektroherd. Achtung: Temperaturen und Backzeiten variieren von Herd zu Herd!
- Blanchieren: Kurzes Garen im kochenden Wasser mit anschließendem Abschrecken mit kaltem Wasser.
- Braten: Garen mit Fett im offenen Topf oder in offener Pfanne.
- Dämpfen: Garen mit wenig Wasser im geschlossenen Topf.
- Dünsten: Garen mit Fett im geschlossenen Topf oder in geschlossener Pfanne.

  Kochen: Garen mit bedeckendem, siedenden Wasser im offenen oder geschlossenen Topf.

Das Autorenteam empfiehlt aus gesundheitlichen und ökologischen Gründen Lebensmittel aus kontrolliert-biologischem Anbau.

Stichwort-Verzeichnis

Stichwort-Verzeichnis Seite

Alle Rezepte aus diesem Kochbuch

buxs® - feine vegetarische Küche

stammen aus dem gleichnamigen Restaurant-Café - im Herzen von München direkt neben dem Viktualienmarkt in der Frauenstraße 9

Telefon: 089-2919550
Fax: 089-29195549
Email: buxs_restaurant@t-online.de
Website: www.buxs.de

Das Team vom buxs® wünscht Ihnen gutes Gelingen.

Rezept-Creationen: Anna Lander,
Restaurant-Café buxs, 80469 München

Fotographie, Text, Gestaltung: Siegfried Köpfer
Assistenz: Tiberius J. Nutz

Gesamtherstellung: A.Bernecker GmbH & Co.
Druckerei KG, 34212 Melsungen

2. Auflage des Sammelbandes 2006,
Edition kauz+falke
im Verlag Lander+Köpfer GmbH, 81545 München

ISBN 3-931541-10-X